HTML5, CSS3 y JQuery

Curso práctico

HTML5, CSS3 y JQuery
Curso práctico

Juan Antonio Recio García

La ley prohíbe fotocopiar este libro

HTML5, CSS3 y JQuery. Curso práctico
© Juan Antonio Recio García
© De la edición: Ra-Ma 2016
© De la edición: ABG Colecciones 2020

MARCAS COMERCIALES. Las designaciones utilizadas por las empresas para distinguir sus productos (hardware, software, sistemas operativos, etc.) suelen ser marcas registradas. RA-MA ha intentado a lo largo de este libro distinguir las marcas comerciales de los términos descriptivos, siguiendo el estilo que utiliza el fabricante, sin intención de infringir la marca y solo en beneficio del propietario de la misma. Los datos de los ejemplos y pantallas son ficticios a no ser que se especifique lo contrario.

RA-MA es marca comercial registrada.

Se ha puesto el máximo empeño en ofrecer al lector una información completa y precisa. Sin embargo, RA-MA Editorial no asume ninguna responsabilidad derivada de su uso ni tampoco de cualquier violación de patentes ni otros derechos de terceras partes que pudieran ocurrir. Esta publicación tiene por objeto proporcionar unos conocimientos precisos y acreditados sobre el tema tratado. Su venta no supone para el editor ninguna forma de asistencia legal, administrativa o de ningún otro tipo. En caso de precisarse asesoría legal u otra forma de ayuda experta, deben buscarse los servicios de un profesional competente.

Reservados todos los derechos de publicación en cualquier idioma.

Según lo dispuesto en el Código Penal vigente, ninguna parte de este libro puede ser reproducida, grabada en sistema de almacenamiento o transmitida en forma alguna ni por cualquier procedimiento, ya sea electrónico, mecánico, reprográfico, magnético o cualquier otro sin autorización previa y por escrito de RA-MA; su contenido está protegido por la ley vigente, que establece penas de prisión y/o multas a quienes, intencionadamente, reprodujeren o plagiaren, en todo o en parte, una obra literaria, artística o científica.

Editado por:
RA-MA Editorial
Madrid, España

Colección American Book Group - Informática y Computación - Volumen 32.
ISBN No. 978-168-165-737-0
Biblioteca del Congreso de los Estados Unidos de América: Número de control 2019935070
www.americanbookgroup.com/publishing.php

Maquetación: Antonio García Tomé
Diseño de portada: Antonio García Tomé
Arte: Fullvector / Freepik
Código para acceder al contenido en línea: 9788499646237

*A mi esposa, Ana,
por darme su energía y apoyo
en todos los grandes proyectos de mi vida.*

*A mis hijos, Catalina y Juan,
por darme la alegría para llevarlos a cabo.*

ÍNDICE

ACERCA DEL AUTOR 11
PRÓLOGO 13
CAPÍTULO 1. LAS TECNOLOGÍAS DE LA WEB 15
   1.1   UN POCO DE HISTORIA 15
   1.2   ARQUITECTURA CLIENTE-SERVIDOR 18
   1.3   TECNOLOGÍAS DEL FRONT-END 19
         1.3.1   HTML 19
         1.3.2   CSS 21
         1.3.3   JavaScript 23
         1.3.4   JQuery 26
         1.3.5   AJAX 27
   1.4   TECNOLOGÍAS DEL BACK-END 29
         1.4.1   PHP 29
         1.4.2   AJAX y PHP 31
         1.4.3   Java 32
   1.5   TECNOLOGÍAS DE INTERCAMBIO DE INFORMACIÓN 35
         1.5.1   XML 35
         1.5.2   JSON 36
   1.6   TECNOLOGÍAS DE TRANSFERENCIA DE DATOS WEB 37
         1.6.1   Anatomía de una URL 39
         1.6.2   El protocolo HTTP 40
         1.6.3   Cookies 49
         1.6.4   HTTPS 50

CAPÍTULO 2. EL CONTENIDO: HTML5 51
   2.1   HERRAMIENTAS DE DESARROLLO 51
   2.2   INTRODUCCIÓN A HTML5 52
         2.2.1   Etiquetas y atributos 53

		2.2.2	Comentarios en el documento HTML 54
		2.2.3	Caracteres especiales 54
	2.3	LA CABECERA HTML 55
		2.3.1	Título del documento 55
		2.3.2	Metadatos 56
		2.3.3	Enlaces a otros archivos 57
		2.3.4	Scripts 57
		2.3.5	Estilos 58
	2.4	EL CUERPO DEL DOCUMENTO HTML 59
		2.4.1	Etiquetas de estructuración del documento 59
		2.4.2	Etiquetas de estructuración del texto 65
		2.4.3	Etiquetas de caracterización del texto 66
	2.5	OTROS ELEMENTOS ADICIONALES 67
		2.5.1	Listas 67
		2.5.2	Imágenes 69
		2.5.3	Enlaces 71
		2.5.4	Archivos multimedia 73
		2.5.5	Tablas 75
	2.6	FORMULARIOS 77
		2.6.1	Etiquetas descriptivas 80
		2.6.2	Elemento <input> 80
		2.6.3	Validación de formularios 90
		2.6.4	Otros elementos adicionales 90

CAPÍTULO 3. EL FORMATO: CSS3 93

	3.1	INTEGRACIÓN DE ESTILOS EN UNA PÁGINA 93
	3.2	ESTRUCTURA DE LAS HOJAS DE ESTILO 94
	3.3	EL ÁRBOL DOM 95
	3.4	CASCADA DE ESTILOS 96
	3.5	CSS RESET 98
	3.6	SELECTORES 98

		3.6.1	Selector universal 99
		3.6.2	Selector de etiqueta HTML 99
		3.6.3	Selector de clase 99
		3.6.4	Selector de identificador 100
		3.6.5	Selectores descendentes y adyacentes 100
		3.6.6	Selectores de atributos 101
		3.6.7	Pseudoclases 102
		3.6.8	Selectores en acción 103
	3.7	PRINCIPALES LISTAS DE DECLARACIONES 107
		3.7.1	Unidades de medida y color 107
		3.7.2	Propiedades de texto 108
		3.7.3	Propiedades de fondo 110

	3.7.4	Dimensiones y bordes 110
	3.7.5	Propiedades de listas 111
	3.7.6	Otras propiedades 111
3.8	POSICIONAMIENTO DE ELEMENTOS 111
	3.8.1	Modelo de bloque 112
	3.8.2	Modelo flexible 117
	3.8.3	Modelo de rejilla 127
3.9	MEDIA QUERIES 129
	3.9.1	Importación condicional de hojas de estilo 129
	3.9.2	Reglas @media 130
3.10	DISEÑO ADAPTATIVO CON MEDIA QUERIES 131
	3.10.1	Diseño adaptativo con modelo flexible 131
	3.10.2	Diseño adaptativo con modelo de rejilla 134
3.11	PREPROCESADORES CSS 137
	3.11.1	Instalando LESS 139
	3.11.2	Variables 139
	3.11.3	Mixins 140
	3.11.4	Código anidado 141
	3.11.5	Funciones de colores 141
	3.11.6	Operaciones 142
	3.11.7	Media queries 142

CAPÍTULO 4. LA INTERACCIÓN: JAVASCRIPT Y JQUERY 145

4.1	INCLUIR JAVASCRIPT EN UN DOCUMENTO HTML 146
4.2	DESARROLLO 147
4.3	SEGURIDAD 149
4.4	CONCEPTOS BÁSICOS DE JAVASCRIPT 149
	4.4.1 Variables y expresiones 149
	4.4.2 Entrada y salida del usuario con el navegador 150
	4.4.3 Control de flujo 152
	4.4.4 El objeto window 158
4.5	INTRODUCCIÓN A JQUERY 160
	4.5.1 Instalación y carga 160
	4.5.2 Sintaxis básica 161
4.6	SELECTORES 161
	4.6.1 Selector de elemento 161
	4.6.2 Selector por identificador 162
	4.6.3 Selector por clase 162
	4.6.4 Selectores en la práctica 162
	4.6.5 Más ejemplos de selectores 164
4.7	EVENTOS 164
	4.7.1 Sintaxis para utilizar los eventos 165
	4.7.2 Eventos de elementos 165

		4.7.3	Eventos de ratón	166
		4.7.4	Eventos de teclado	167
		4.7.5	Eventos de touch	168
		4.7.6	Eventos de los formularios	169
	4.8	MODIFICACIÓN DEL ESTILO		171
		4.8.1	Añadir o eliminar propiedades CSS	171
		4.8.2	Manipulación de las propiedades CSS	172
	4.9	EFECTOS		173
		4.9.1	Hide y Show	173
		4.9.2	Toggle	174
		4.9.3	Fading	175
		4.9.4	Sliding	176
		4.9.5	Animaciones	178
	4.10	AJAX		182
		4.10.1	El método load()	182

CAPÍTULO 5. ACABADO PROFESIONAL: LIBRERÍAS Y UTILIDADES 185

	5.1	BOOTSTRAP		185
		5.1.1	Elementos básicos	186
		5.1.2	Componentes	194
		5.1.3	JavaScript	201
	5.2	JQUERY UI		206
		5.2.1	Interacciones	206
		5.2.2	Efectos	213
	5.3	JQUERY MOBILE		214
		5.3.1	Estructura	214
		5.3.2	Navegación	216
		5.3.3	Transiciones	217
		5.3.4	Widgets	217
	5.4	ISOTOPE		220
		5.4.1	Ejemplo	220
		5.4.2	Iniciación de la librería	226
		5.4.3	Filtrado	226
		5.4.4	Ordenación	227

MATERIAL ADICIONAL 229

ÍNDICE ALFABÉTICO 231

ACERCA DEL AUTOR

El profesor Juan Antonio Recio García es el director del Departamento de Ingeniería del Software e Inteligencia Artificial de la Universidad Complutense de Madrid (UCM). Su pronto interés por las nuevas tecnologías web le ha permitido conocer de primera mano los avances en esta área. Su experiencia docente comienza como profesor de los Cursos de Formación en Informática (CFI), orientados a todos los estudiantes de la UCM, donde se encargó de elaborar y tutorizar los cursos relacionados con Internet y la Web. Más adelante organizó distintos cursos de formación sobre HTML5, CSS3 y JavaScript/JQuery que también estaban dirigidos a estudiantes no necesariamente informáticos. Complementariamente, es profesor de creación de videojuegos con tecnologías web en el Máster de Desarrollo de Videojuegos de la UCM. Actualmente dirige distintos proyectos donde estas tecnologías son parte fundamental. A partir de esta experiencia se ha hecho cargo de la docencia de la asignatura Sistemas Web, impartida en los grados oficiales de la Facultad de Informática de la UCM. Este libro es, en cierta medida, una adaptación de sus apuntes y clases presenciales en la universidad.

PRÓLOGO

La obra que tienes en tus manos nos sumerge en el océano de las tecnologías web, unas tecnologías que se van infiltrando en nuestras vidas cotidianas, que están presentes en nuestros dispositivos electrónicos, desde el ordenador hasta el teléfono móvil, pasando por el frigorífico. Son las tecnologías que se utilizan en Internet y las que debemos conocer para crear espacios de comunicación en ese fascinante mundo.

El libro es el fruto de la experiencia y el trabajo de profesores de un departamento de la Universidad Complutense de Madrid que han ido elaborando y actualizando el material docente durante sucesivos cursos académicos. Se trata del Departamento de Ingeniería del Software e Inteligencia Artificial, el cual yo he tenido el honor de dirigir durante muchos años. El departamento ha sido y es responsable de la docencia de varias asignaturas sobre programación para la Web, desde sus mismos orígenes. Aunque las tecnologías cambian a velocidades vertiginosas, la experiencia docente acumulada durante todo este tiempo por los distintos profesores del departamento es el principal valor de la obra. Toma como base los elaborados materiales de reconocidos catedráticos, como los profesores Baltasar Fernández Manjón, Pedro González Calero o Juan Pavón Mestras. Incluso yo mismo he añadido mi humilde aportación. Esos materiales han sido continuamente refinados y actualizados por una nueva generación de profesores que ha tomado a su cargo la tarea de impartir estas asignaturas. Hoy son varios los profesores de este departamento que imparten asignaturas de programación web en los distintos grados oficiales de la Facultad de Informática. La docencia de forma coordinada en los distintos grupos de esas asignaturas ayuda a mejorar su calidad, al disponer de los mejores materiales, fruto de la participación de los profesores de todos los grupos, y gracias a contar con la experiencia de todos ellos en el diseño de las prácticas y las pruebas de evaluación. Todos los materiales están en continua revisión.

Así, esta obra no debe ser atribuida solo al autor, sino al conjunto de profesores que han colaborado en el material a lo largo del tiempo. Entre ellos es imprescindible destacar al profesor Guillermo Jiménez Díaz, quien elaboró las versiones iniciales de gran parte de este texto. También deben ser incluidos en esta mención los profesores que imparten las asignaturas de desarrollo web de forma coordinada junto con el autor de este libro: Pablo Moreno Ger, vicedecano de Innovación de la Facultad de Informática, e Iván Martínez Ortiz, asesor para Innovación del Vicerrectorado de Tecnologías de la Información de la Universidad Complutense.

Luis Hernández Yáñez
Vicerrector de Tecnologías de la Información
Universidad Complutense de Madrid

1

LAS TECNOLOGÍAS DE LA WEB

El desarrollo de una aplicación web implica toda una amalgama de tecnologías que abarcan tanto la transferencia de la información por Internet como el almacenamiento de información en los servidores y su presentación de forma interactiva en el navegador del usuario. Al principio uno puede agobiarse con tanta sigla extraña (HTML, CSS, HTTP, AJAX, PHP...), pero en realidad todas estas tecnologías son bastante fáciles de entender. Por tanto, antes de entrar en el detalle de cómo desarrollar sitios web vamos a dar un pequeño paseo por todas estas tecnologías una a una. Para ello partiremos de un breve repaso desde el punto de vista histórico que nos permita entender cómo funciona *la Web*.

1.1 UN POCO DE HISTORIA

Existen innumerables libros que narran la historia de la Web con todo lujo de detalles. Pero siguiendo el espíritu pragmático de este libro te propongo un resumen que solo te llevará 30 segundos de tu tiempo. Se trata de un vídeo realizado por Google donde resumen brillantemente la evolución de la Web (además de darse cierto autobombo). Encontrarás el vídeo en el material que acompaña el libro. Primero visualízalo y luego explicamos qué es lo que aparece.

https://www.youtube.com/embed/Jzxc_rR6S-U

Al principio del vídeo aparece una terminal negra donde se escribían las órdenes de los primeros sistemas operativos. Estos sistemas operativos eran aquellos Unix que luego evolucionaron en los Linux actuales como Ubuntu, Fedora, etc. y también son la base de los MacOS. En estos Unix primitivos ya se incluía un revolucionario protocolo denominado *TCP/IP* (¿te suena, verdad?) que permitía transmitir datos entre máquinas y que había permitido la creación una red mundial de ordenadores interconectados llamada *Internet*.

El comando que vemos ejecutar en el vídeo (*telnet*) permitía conectar a máquinas remotamente. Pero lo más importante es la máquina a la que conecta. Si nos fijamos, veremos que es una máquina del famoso centro de investigación CERN en Suiza (*info.cern.ch*). Es en este centro de investigación donde podemos decir que nació la Web a principios de los 90. Fue creada por un científico británico llamado Tim Berners-Lee, al que se le reconoce el título de padre de la Web, que le ha reportado fama mundial e incluso el título de *sir* de manos de la reina de Inglaterra. Berners-Lee proponía la utilización del *hipertexto* como "un medio para vincular y acceder a información de diversos tipos como una red de nodos en los que el usuario pueda navegar a voluntad". Siendo rigurosos, hay que decir que la idea original se remontaba a los años cuarenta, cuando Vannevar Bush propuso un sistema similar, por lo que no podemos atribuir la "paternidad" de la Web solo a Berners-Lee, sino a muchos otros científicos que sentaron las bases de sus propuestas.

De esta forma, la World Wide Web, WWW o Web (como habitualmente la conocemos) nace como una colección de documentos interconectados entre sí mediante hiperenlaces (más comúnmente llamados enlaces o *links*) y accesibles a través de Internet. Para hacerla realidad se necesitan dos cosas: primero, un estándar o formato para representar estos documentos interconectados, y, segundo, un protocolo para enviarlos desde la máquina que los guarda –el servidor– a la máquina del usuario que quiere visualizarlos –el cliente–. Ambas cosas forman hoy parte de nuestras vidas y las conocemos de sobra. El lenguaje de representación de los documentos que creó Berners-Lee es el "lenguaje de marcado de hipertexto" o, en inglés, *hipertext markup language*, que se resume en el acrónimo **HTML**. El protocolo que permite la transferencia de archivos HTML es el protocolo de transferencia de hipertexto o *hipertext transfer protocol*, cuyo acrónimo es **HTTP**.

Todo esto aparece en el vídeo en menos de un segundo. Podemos ver que se realiza una petición de documento web mediante el protocolo HTTP y para ello se utiliza la orden *GET* de este protocolo. En realidad, y como veremos más adelante, el protocolo HTTP tampoco es mucho más complicado que este GET que recibe la dirección (URL, para ser exactos) del documento que se desea obtener. De inmediato, el vídeo muestra el código HTML del documento obtenido a través de esta petición HTTP.

A partir de aquí iré un poco más rápido, que solo llevamos seis segundos de vídeo ¿Qué se necesitaba a continuación? Pues simplemente visualizar en la pantalla el contenido de estos documentos HTML y permitir "navegar" entre ellos a través de sus enlaces. Es decir: aparecen los navegadores. A partir de ese momento (los años noventa), comienza la carrera en la evolución de los navegadores, que cada vez incluyen mayores funcionalidades. Toda esta evolución se encauzó a través del *W3C*, el organismo encargado de generar y publicar los nuevos estándares de la web. El vídeo se centra en el estándar de hojas de estilo, en inglés *cascading style sheets* (**CSS**), que permitía mejorar el aspecto de las webs; aunque también aparecieron muchas otras, como los *applets* de Java (programas que se ejecutaban directamente en el navegador y que actualmente están en desuso) o el estándar XML para la transmisión de datos de distinta naturaleza entre el navegador y el servidor.

Además surgieron tecnologías que permitían modificar las páginas web directamente en el navegador y responder así a las acciones del usuario. La que ha prevalecido es *JavaScript*. Este lenguaje de programación, similar a Java, permite realizar tareas "simples" en el navegador sin necesidad de hacer peticiones al servidor.

A principios de la década de 2000 se produce el gran boom de la Web y nace lo que se dio a conocer como *la burbuja de las puntocom*, donde las empresas vinculadas a Internet comenzaron a tener un enorme valor económico, aunque muchas de ellas quebraron o dejaron de operar en poco tiempo. Al margen de esto, aparecen nuevas tecnologías, como XML, los controles y componentes ActiveX de Microsoft, animaciones Flash…, pero, sobre todo, aparece *AJAX*, la tecnología que revolucionó la Web.

Podemos decir que hasta la aparición de AJAX, la Web era algo estático. Visualizabas una página HTML y si querías cambiar algo de su contenido debías solicitar al servidor otra página HTML que incluyese la nueva información y que luego se recargaba completamente en el navegador. Esto no permitía hacer aplicaciones web como las actuales, donde se actualiza su contenido a partir de información obtenida del servidor pero sin tener que recargar toda la página. Por poner un ejemplo, no era posible tener un sistema como Gmail, donde tú pulsas en la bandeja de entrada y parte de la página cambia para mostrarte los mensajes correspondientes que se han descargado de forma dinámica o asíncrona del servidor. El estándar de JavaScript asíncrono con XML (*asynchronous JavaScript and XML* [AJAX]) sí que permitía crear este tipo de páginas web, tal y como podemos ver en el vídeo.

El vídeo continúa hasta 2008, cuando nace HTML5 como la gran evolución del estándar HTML, donde se eliminan muchos elementos anticuados y se abre la puerta a la revolución que han supuesto los dispositivos móviles. HTML5 ofrece la posibilidad de reproducir vídeos o audios directamente en el navegador, crear videoconferencias y, sobre todo, generar gráficos o videojuegos que se ejecutan en cualquier dispositivo. El vídeo nos ofrece varias muestras del potencial de este nuevo estándar. HTML5 sigue en continuo desarrollo, regulado por el W3C, y está consiguiendo superar las diferencias entre distintos navegadores, ya que, históricamente, cada uno ofrecía ciertas características propias. Es el presente y también el futuro de la Web.

Una vez terminado nuestro "repaso histórico en 30 segundos" quiero explicar una serie de conceptos y tecnologías que son la base de la Web actual.

1.2 ARQUITECTURA CLIENTE-SERVIDOR

Mis alumnos de las clases sobre desarrollo web acaban siempre aburridos de que repita una y otra vez el mismo esquema en la pizarra. Este esquema se muestra en la Figura 1.1 e intenta plasmar las dos partes en que se divide una aplicación web:

▼ Un cliente –el navegador– que solicita una información y la visualiza al recibirla.

▼ Un servidor que aloja la información solicitada, normalmente en una base de datos.

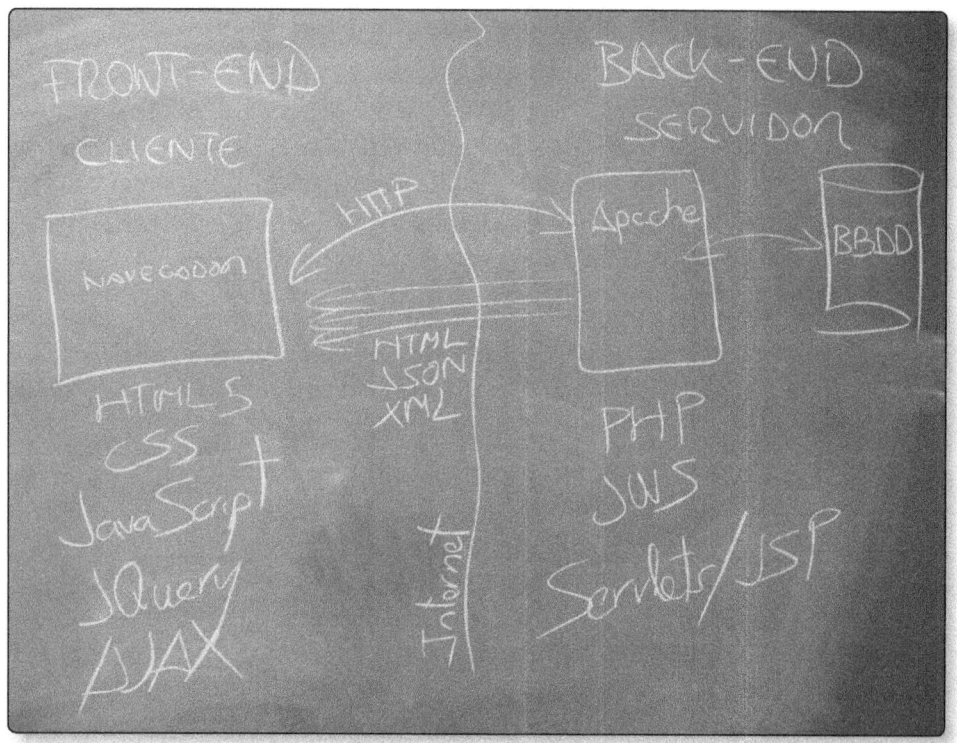

1.1. Arquitectura cliente-servidor

Existen distintas tecnologías para implementar cada lado (cliente o servidor) de un sistema web. Tecnologías que aparecen en la Figura 1.1 y que explicaremos en breve.

La parte del cliente encargada de obtener los datos y visualizarlos se denomina **front-end**. Utiliza numerosas tecnologías de las que ya hemos hablado: HTML, CSS, JavaScript, JQuery, AJAX… Por otro lado, el servidor –denominado **back-end**– utiliza otras tecnologías más orientadas al almacenamiento y procesado de datos. En este libro nos centraremos en las tecnologías del *front-end* y solo haremos una breve introducción a PHP y Java. También existen otras muchas tecnologías para crear el *back-end*, como puede ser *NodeJS,* que están muy de moda. Esta opción puede ser una alternativa si no tienes demasiados conocimientos de programación.

1.3 TECNOLOGÍAS DEL FRONT-END

Las tecnologías del *front-end* son aquellas que se utilizan en el lado del cliente, es decir, el navegador, para visualizar e interpretar los documentos que se obtienen del servidor (el *back-end*). El navegador es en realidad una avanzada amalgama de tecnologías que permiten visualizar documentos HTML y ejecutar código que los modifica y permite interactuar con el usuario.

En el siguiente enlace puedes encontrar una vistosa infografía que explica la vertiginosa evolución de los navegadores y la progresiva integración de las tecnologías que constituyen la Web actual.

http://evolutionofweb.appspot.com/#explore

A continuación explicaremos con ejemplos prácticos cada una de estas tecnologías. Puede que al principio no entiendas algunos detalles del código, pero no hay que preocuparse porque entraremos en detalle en los próximos capítulos.

1.3.1 HTML

Como ya he comentado, los documentos de la web visualizados por los navegadores se escriben en el lenguaje HTML (*hypertext markup language*). Este es un formato de texto, por lo que podremos utilizar cualquier editor para crearlos. Como bien indica su nombre, se basa en marcas que indican qué es cada parte del documento. Siempre hay una marca de apertura para indicar el principio del contenido (`<marca>`) y otra de cierre (`</marca>`) para especificar dónde acaba. Por ejemplo, para indicar el título del documento utilizamos la marca `<title>Este es el título</title>`. Las marcas suelen anidarse. Así, tenemos una marca para indicar todo el contenido del documento `<html>...</html>`, que contiene otras dos para indicar la cabecera `<head>...</head>` y el contenido principal `<body>...</body>`. También hay marcas para establecer los títulos y su importancia `<h1>`, `<h2>`, `<h3>`,... añadir imágenes `<img>`, indicar párrafos `<p>`, etc.

Conocer HTML significa saber utilizar estas marcas para establecer la estructura y contenido del documento. En el Capítulo 2 explicaremos en detalle cada una de ellas, pero por ahora simplemente veamos un ejemplo para entender cómo funciona.

Si escribimos el siguiente contenido en un archivo de texto, lo renombramos con extensión *.html* y lo abrimos con nuestro navegador, obtenemos el resultado que se muestra en la Figura 1.2.

```html
<html>
  <head>
    <title>Mi primera web</title>
  </head>
  <body>
    <h1>¡Hola Mundo!</h1>
    <p>Esto es un párrafo escrito en HTML.
    También podemos poner <em>parte del texto</em> con énfasis.</p>
    <h2>Se pueden hacer titulos de menor tamaño</h2>
    <h3>Y más pequeños.</h3>
    <p>También se pueden poner imágenes (a menudo, de gatos):</p>
    <img src="gato.png"/>
    <p>También podemos poner enlaces: <a href="masEjemplos.html">Ver más ejemplos</a> </p>
  </body>
</html>
```

1.2. Visualización del archivo cap01_ejemplo01.html

Para que el ejemplo anterior funcione correctamente, solo necesitamos un editor de texto, como el Bloc de Notas de Windows o similar. Sin embargo, es mucho más práctico utilizar editores especializados, como los que se proponen en la Sección 2.1 del Capítulo 2. Además, también necesitamos una imagen llamada *gato.png* en el mismo directorio donde se encuentre el archivo HTML.

1.3.2 CSS

Las CSS (*cascade style sheets*) u *hojas de estilo* nos sirven para separar el contenido de su presentación. Veamos un ejemplo para entenderlo.

Al principio, HTML tenía etiquetas para indicar el formato de presentación: colores, tamaños de fuente, alineación del texto En el siguiente código establecemos que el color de fondo de todo el documento sea negro (`<body bgcolor="black">`) y luego en cada elemento establecemos que el color de texto sea rojo (`color="red"`).

```html
<html>
  <head>
    <title>Mi primera web</title>
  </head>
  <body bgcolor="black">
    <h1 justify="center" color="red">¡Hola Mundo!</h1>
    <p align="justify" color="red">Esto es un párrafo con
    alineación justificada y en rojo.</p>
    <p align="justify" color="red">Esto es otro párrafo con
    alineación justificada y en rojo.</p>
  </body>
</html>
```

Esta forma de mezclar el contenido del documento con la forma en que se presenta no es una buena idea. Imaginemos que hiciésemos toda una web de esta manera y que después de escribir miles de líneas HTML con el color en rojo ahora necesitamos que el texto se muestre en azul. Tendríamos que recorrer todos los documentos HTML sustituyendo la palabra red por blue y eso sería un proceso muy tedioso y propenso a errores.

Para solucionarlo, las hojas de estilo CSS sirven para indicar el formato de cualquier elemento de nuestro código HTML. Simplemente obviamos toda la información sobre el formato en el código HTML e indicamos el fichero CSS donde la hemos centralizado. El código HTML del documento anterior quedaría así de sencillo y claro:

```html
<html>
  <head>
    <link href="estilos03.css" rel="stylesheet" type="text/css" />
    <title>Mi primera web</title>
  </head>
  <body>
    <center>
      <h1>¡Hola Mundo!</h1>
    </center>
    <p>Esto es un párrafo escrito en HTML con alineación justificada y en rojo.</p>
    <p>Esto es otro párrafo escrito en HTML con alineación justificada y en rojo.</p>
  </body>
</html>
```

Hemos quitado toda la información sobre los colores y formato e indicado en la cabecera que todo eso se encuentra ahora el fichero estilos03.css. Ese fichero, también de texto, tendría el siguiente contenido:

```
body {
  background-color: black;
}

p {
  color:red;
  text-align: justify;
}

h1 {
  color:red;
  text-align: center;
}
```

Puedes ver el resultado de visualizar este ejemplo en la Figura 1.3. La sintaxis de los archivos CSS no puede ser más sencilla. Primero indicamos el elemento HTML sobre el que queremos establecer formato; luego, entre llaves, indicamos los valores. Ahora, si quisiéramos poner todos los párrafos en azul solo tendríamos que cambiar una línea de este archivo.

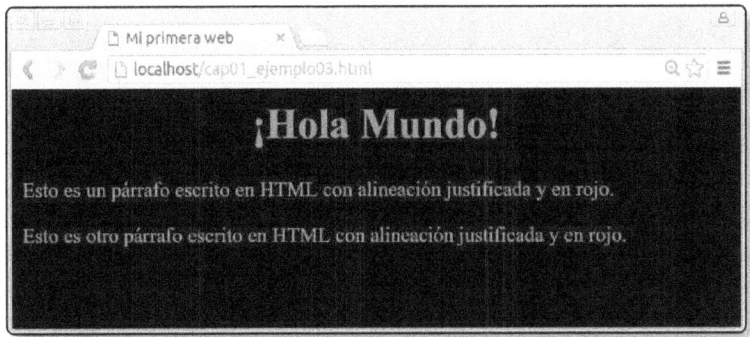

1.3. Ejemplo HTML con estilos (cap01_ejemplo03.html)

Al igual que con HTML, para dominar CSS deberemos conocer qué valores podemos establecer, o, al menos, los más importantes, ya que es muy difícil acordarse de todos (para eso ya tenemos a Google).

1.3.3 JavaScript

Recapitulando, por ahora tenemos lo siguiente: HTML, el lenguaje de marcas para estructurar el contenido; y CSS, el lenguaje de estilos para mostrarlo de una forma u otra.

Para hacer un sitio web funcional nos faltaría poder ejecutar código en el cliente (navegador), código que pueda modificar el contenido y formato dinámicamente según el usuario interactúa con la página. Es aquí donde entra en juego *JavaScript*.

JavaScript es un lenguaje ejecutado por el navegador. Su sintaxis es similar a la del archiconocido lenguaje de programación Java –de ahí su nombre–. La idea básica de JavaScript es permitir definir acciones cuando ocurren ciertos eventos en el navegador: la página se ha cargado completamente, el usuario hace un clic, etc.

Para entenderlo veamos un ejemplo sencillo donde contaremos cuántos clics hace un usuario sobre un botón.

Partiremos de una página HTML sencilla donde simplemente tenemos un botón, creado con la etiqueta HTML `<button>`, y un párrafo que hemos identificado como `contador` para poder manipularlo luego con el código JavaScript.

```html
<html>
  <head>
    <title>Mi primera web con JavaScript</title>
  </head>
  <body>
    <h1>Ejecución de código JavaScript en el navegador</h1>

    <button type="button">Incrementar</button>

    <p id="contador">0</p>
  </body>
</html>
```

1.4. Visualización de cap01_ejemplo04.html

A continuación creamos el *script JavaScript* que podemos incluir directamente en la cabecera del documento HTML:

```html
<html>
  <head>
    <title>Mi primera web con JavaScript</title>
    <script>
      var clicks=0;
      function incrementar(){
        clicks = clicks+1;
        document.getElementById('contador').innerHTML= clicks;
      }
    </script>
  </head>
  <body>
    <h1>Ejecución de código JavaScript en el navegador</h1>

    <button type="button" onclick="incrementar()">
      Incrementar
    </button>

    <p id="contador">0</p>
  </body>
</html>
```

Entender el *script* es bastante sencillo. Creamos un contador `clicks` que inicializamos a 0 y a continuación una función `incrementar()` que se llamará cuando se pulse el botón. Esta función aumenta en uno el contador de clics (`clicks=clicks+1;`), busca el elemento del documento HTML identificado como `contador` y le cambia el texto, que inicialmente es 0 en el HTML, por el valor del contador (`document.getElementById('contador').innerHTML= clicks;`).

Ahora solo nos queda indicar cuándo se llamará a la función `incrementar()`. Si nos fijamos en el código HTML del botón veremos que hemos añadido que cuando se haga clic se llame a la función incrementar: `onclick="incrementar()"`.

Aunque JavaScript puede llegar a ser un lenguaje complejo, para la gran mayoría de tareas solo necesitaremos conocer un poco de su sintaxis básica que nos permita modificar los elementos de un documento HTML y "enlazarnos" a las distintas acciones que realice el usuario (`onclick` en el ejemplo anterior). Para ello, en el Capítulo 4 haré una introducción muy práctica de los elementos de JavaScript que más nos pueden interesar en la gran mayoría de los casos.

Siempre es necesario conocer algo de *JavaScript*, pero podemos aliviar un poco su dificultad utilizando una librería de este lenguaje que permite hacer las mismas cosas de una forma más sencilla. Esta librería es *JQuery*.

1.3.4 JQuery

JQuery es una librería de JavaScript muy popular entre los programadores web que permite simplificar significativamente el código. Por ejemplo, el código JavaScript del anterior quedaría así:

```html
<html>
  <head>
    <title>Mi primera web con JQuery</title>
    <script src="jquery.js"></script>
    <script>
      var clicks=0;
      $(function(){
        $("button").click(function(){
            clicks = clicks+1;
            $("#contador").html(clicks);
        });
      });
    </script>
  </head>
  <body>
    <h1>Ejecución de código JavaScript en el navegador</h1>

    <button type="button">Incrementar</button>

    <p id="contador">0</p>
  </body>
</html>
```

Al principio de la cabecera hemos importado la librería JQuery que se encontrará en el fichero `jquery.js`.

La principal diferencia de este código es que no hemos modificado el código HTML del botón `Incrementar` para indicar qué función ejecutar. Lo hacemos todo desde el código JQuery. Para ello decimos:

1. Búscame un elemento dentro del documento HTML de tipo `button`:
   `$("button")`.

2. Cuando se haga clic en ese elemento, ejecútame la siguiente función: `$("button").click(function(){...}`.

3. Dentro de esa función aumentamos el contador de clics `clicks = clicks+1;` y

4. buscamos un elemento identificado como `contador` y le cambiamos el contenido por el valor del contador de clics: `$("#contador").html(clicks);`

Mediante JavaScript o JQuery vamos a poder interactuar con el usuario; pero, como ya expliqué en la introducción, la verdadera revolución en el desarrollo de aplicaciones web ocurrió cuando se permitió ejecutar código JavaScript en el navegador que obtenía nuevos datos del servidor y los incluía en la página web sin necesidad de recargarla completamente. Esta tecnología es *AJAX*.

1.3.5 AJAX

AJAX (*asynchronous JavaScript and XML*) permite cargar contenido desde el navegador e incluirlo directamente en el documento HTML que se está visualizando. Casi cualquier aplicación web actual utiliza esta tecnología: Gmail, Google Maps, Youtube, Facebook, etc. La forma más fácil de utilizar AJAX es a través de la librería JQuery. Veamos un ejemplo.

Supongamos que estamos haciendo un sitio web para gestionar el correo. No tendría sentido que al cargar la página principal se descargasen todos los correos del usuario por si quiere visualizarlos. En su lugar, la página principal solo mostrará el asunto del mensaje con un botón y haremos que cada correo se descargue –de forma asíncrona– cuando el usuario pulse sobre el botón correspondiente. Simplificando al máximo y limitando a tres mensajes, la página principal sería algo así:

```
<body>
  <h1>Mi gestor de correo</h1>
  <button id="mensaje1">Título del primer mensaje</button>
  <button id="mensaje2">Título del segundo mensaje</button>
  <button id="mensaje3">Título del tercer mensaje</button>
  <p id="contenido"></p>
<body>
```

Supongamos que el contenido de cada mensaje se encuentra en el servidor en sendos archivos de texto: `email1.txt`, `email2.txt` y `email3.txt`. Queremos obtener el archivo de texto correspondiente cuando se pulse en cada uno de los botones y cargar su contenido en el párrafo identificado como contenido. Para ello utilizaríamos el siguiente código JQuery:

```
<script>
$(function(){

    $("#mensaje1").click(function(){
        $("#contenido").load("email1.txt");
    });

    $("#mensaje2").click(function(){
        $("#contenido").load("email2.txt");
    });

    $("#mensaje3").click(function(){
        $("#contenido").load("email3.txt");
    });

});
</script>
```

Toda la "magia" la hace la función load. Prácticamente, AJAX es esta función con alguna variante. Primero identificamos el elemento cuyo contenido vamos a cambiar con los datos traídos del servidor. En nuestro caso es el párrafo contenido. Por ello utilizamos $("#contenido") y a continuación indicamos qué fichero hay que traer del servidor, fichero cuyo contenido se incluirá dentro: .load(emailX.txt).

Juntándolo todo, el ejemplo completo quedaría así:

```
<html>
  <head>
    <title>Mi primera web con AJAX</title>
    <script src="jquery.js"/>
    <script>
      $(function(){

          $("#mensaje1").click(function(){
              $("#contenido").load("email1.txt");
          });

          $("#mensaje2").click(function(){
              $("#contenido").load("email2.txt");
          });

          $("#mensaje3").click(function(){
              $("#contenido").load("email3.txt");
          });
```

```
        });
    </script>
    </head>
    <body>
      <h1>Mi gestor de correo</h1>
      <button id="mensaje1">Título del primer mensaje</button>
      <button id="mensaje2">Título del segundo mensaje</button>
      <button id="mensaje3">Título del tercer mensaje</button>
      <p id="contenido"></p>
    <body>
    </html>
```

Esto que parece –y es– tan sencillo fue toda una revolución para la Web y nos permite crear cualquier tipo de aplicación interactiva. Pero, obviamente, los datos que traemos del servidor con AJAX no suelen estar en ficheros de texto, sino que se generan de forma dinámica con distintos lenguajes de programación, y normalmente a partir de distintas bases de datos. Esto lo posibilitan las tecnologías del lado del servidor o del *back-end*.

1.4 TECNOLOGÍAS DEL BACK-END

Las tecnologías del lado del servidor permiten generar documentos HTML de forma dinámica. Normalmente se utilizan en conjunto con una base de datos donde almacenamos toda la información de nuestra aplicación web. Veamos las más importantes.

1.4.1 PHP

PHP es un lenguaje de programación que nos permite crear páginas de forma dinámica muy fácilmente. El código PHP ejecutado en el lado del servidor deberá ser interpretado por una aplicación cuando llegue una petición por HTTP. A esta aplicación la llamaremos *servidor web* y en breve aprenderás a instalarla y configurarla. Por ahora imaginemos que tenemos un servidor `"www.miserver.es"` donde hemos añadido código PHP en un fichero llamado `repite.php`. De este modo, para acceder al documento HTML generado con PHP deberemos utilizar la URL `http://www.miserver.es/repite.php`. En este fichero PHP vamos a añadir el código para repetir un mensaje de bienvenida tantas veces como indique el usuario. Y para ello, vamos a utilizar un parámetro en la propia URL llamado `veces`. Por ejemplo, si el usuario quiere que el mensaje se repita tres veces, tendrá que escribir la siguiente URL en el navegador: `http://www.miserver.es/repite.php?veces=3`.

El código que escribiremos en el fichero repite.php sería:

```html
<html>
    <head>
        <title>Mi primera web con PHP</title>
    </head>
    <body>
        <h1>Repite PHP</h1>

        <?php
          $repeticiones = $_GET["veces"];

          $contador = 0;
          while ($contador < $repeticiones) {
             echo '<p>' . $contador . ' - Hola Mundo</p>';
             $contador = $contador+1;
          }
        ?>

    </body>
</html>
```

Las marcas `<?php ... ?>` indican el principio y fin del código PHP que se ejecutará cada vez que el fichero sea solicitado por el usuario a través del navegador (es decir, llegue una petición HTTP). En la primera línea obtenemos el valor del parámetro `veces` de la URL: `$repeticiones = $GET["veces"];`. En la siguiente línea creamos un contador inicializado a 0. A continuación, repetiremos mientras el valor del contador sea menor que el valor de repeticiones (`while ($contador < $repeticiones)`) el código que está llaves. En ese código entre llaves generamos los elementos HTML que queramos mediante la palabra clave `echo` y en la línea siguiente aumentamos el contador. En la línea `echo '<p>¡Hola Mundo!</p>';` estamos generando un párrafo que contiene el texto "Hola Mundo". El resultado final sería el que aparece en la Figura 1.5.

1.5. Visualización de repite.php?veces=3

1.4.2 AJAX y PHP

Como ya comenté anteriormente, lo más común es utilizar AJAX en combinación con un lenguaje del servidor tipo PHP. Veamos un ejemplo donde el usuario introduce el número de saludos que quiere recibir en un campo de texto del documento HTML y a continuación se carga por AJAX el contenido HTML con los saludos correspondientes. Este documento HTML con los saludos será generado por el código PHP anterior.

Este sería el código AJAX que se ejecutará en el navegador:

```
<!DOCTYPE html>
<html>
  <head>
    <meta charset="utf-8">
    <script src="jquery.js"></script>
    <script>
    $(document).ready(function(){
        $("#boton").click(function(){
          repeticiones = $("#veces").val();
          url = "repite.php?veces=" + repeticiones ;
          $("#contenido").load(url);
        });
    });
    </script>
  </head>
  <body>

    <h1>Mi primera web con AJAX y PHP</h1>

    <button id="boton">Saludame</button>

    <input id="veces" type="number" value="2"/>

    <p id="contenido"></p>

  </body>
</html>
```

Empecemos a explicar el código por el cuerpo del documento HTML. Tenemos un botón que pulsará el usuario, identificado como `boton`, y un cuadro de texto donde indicar el número de repeticiones, identificado como `veces`. Dentro del párrafo identificado como `contenido` cargaremos los saludos generados por PHP. Si ahora pasamos a la cabecera, veremos el código JQuery para hacer la llamada AJAX:

1. Decimos que queremos ejecutar algo cuando se pulse el botón: `$("#boton").click(function(){...})`.

2. Obtenemos el valor del cuadro de texto `veces` y lo guardamos en `repeticiones`: `repeticiones = $("#veces").val();`.

3. Creamos la URL correspondiente: `url = "repite.php?veces=" + repeticiones;`. Por ejemplo, si repeticiones vale 3 (porque lo ha introducido el usuario en el campo de texto), la URL sería: `repite.php?veces=3`.

4. Finalmente, cargamos esa URL por AJAX y el contenido obtenido (que se generará con PHP en el lado del servidor) lo insertamos dentro del párrafo `contenido`: `$("contenido").load(url);`

Este ejemplo muestra el esquema general de infinidad de aplicaciones web. Como vemos, estamos combinando infinidad de tecnologías: HTML, JavaScript, JQuery, AJAX, PHP, y –por supuesto– HTTP. Solo nos faltaría utilizar CSS para ponerlo bonito y ya tendríamos nuestra web interactiva.

Aunque PHP es un lenguaje de *back-end* muy popular, las aplicaciones web más "serias" se hacen con el lenguaje de programación Java. Veámoslo rápidamente sin entrar mucho en detalle, ya que se necesitan conocimientos avanzados de programación para entenderlo completamente.

1.4.3 Java

Java es un lenguaje de programación muy completo y ofrece distintas alternativas para la creación del *back-end* de una aplicación web. Las principales son los *servlets*/JSP y los servicios web tipo REST. Hagamos un rápido repaso.

1.4.3.1 SERVLETS Y JAVA SERVER PAGES (JSP)

Los *servlets* y JSP son similares en funcionamiento al ejemplo anterior en PHP. Ambos sirven para generar el código HTML que se devuelve al usuario.

La versión Java de nuestro `repite.php` sería así en JSP:

```
<html>
    <head>
        <title>Mi primera web con JSP</title>
```

```
        </head>
        <body>
            <h1>Repite JSP</h1>

            <%
                int repeticiones = Integer.parseInt(request.
    getParameter("veces"));
                int contador = 0;
                while (contador < repeticiones) {
                    out.println("<p>" + contador + " - Hola Mundo</
    p>");
                    contador = contador+1;
                }
            %>

        </body>
    </html>
```

En este caso, el código Java se indica con `<% ... %>` y podemos ver cómo es algo más complejo que en PHP. Por ejemplo, en Java tenemos tipos para indicar qué contiene cada variable. Un número es distinto de una cadena de texto y por eso tenemos que hacer la transformación explícita de cadena a entero con `Integer.parseInt()`. Para dominar Java se necesitan ciertos conocimientos de programación, así que no entraré más en detalle ya que daría para otro libro. Lo que sí es interesante, y comentaré a continuación, son los servicios web en Java.

1.4.3.2 SERVICIOS WEB EN JAVA

Los servicios web consisten en ejecutar código remoto que devuelva ciertos datos, tanto en formato HTML como en cualquier otro como XML o JSON.

Actualmente se utilizan unos servicios web conocidos como **REST**. Estos servicios contestan directamente a las peticiones HTTP y están adquiriendo gran popularidad.

Veamos cómo sería nuestro ejemplo de los saludos implementado como un servicio web:

```
@Path("repite")
public class MyResource {
    @GET
    @Produces(MediaType.TEXT_HTML)
    public String repite(@QueryParam("veces") String nveces)
    {
```

```
        StringBuffer sb = new StringBuffer();

        int repeticiones = Integer.parseInt(nveces);
        int contador = 0;
        while (contador < repeticiones) {
            sb.append("<p>" + contador + " - Hola Mundo</p>");
            contador = contador+1;
        }

        return sb.toString();

    }
}
```

Dejando de lado algunos detalles del lenguaje Java, el código es bastante intuitivo:

- ▼ La línea `@Path("repite")` indica que este código se ejecutará cuando se solicite el archivo `repite` por HTTP. Por ejemplo: `http://www.miserver.es/repite` (vemos que, al contrario que antes, en `repite.php` no se utiliza extensión).

- ▼ La línea `@Produces(MediaType.TEXT_HTML)` establece que vamos a generar código HTML.

- ▼ A continuación creamos un método llamado `repite` que devuelve una cadena de texto `String` que contendrá el código HTML. Este método recibe un parámetro `nveces` que obtendremos de la URL mediante el parámetro `veces` de la misma: `@QueryParam("veces")` (recordemos que la URL sería `http://www.miserver.es/repite?veces=3`).

- ▼ El resto del código ya nos es bastante familiar. La única diferencia es el `StringBuffer` que utilizamos para ir almacenando el código HTML generado y cuyo contenido devolvemos al final como una cadena de texto.

Los servicios web REST en Java facilitan mucho la creación de aplicaciones avanzadas al permitir generar cualquier tipo de documento, tanto en HTML como en cualquier otro formato para el intercambio de datos. Veamos los dos formatos más importantes actualmente.

1.5 TECNOLOGÍAS DE INTERCAMBIO DE INFORMACIÓN

Ahora que ya hemos visto las tecnologías de ambos lados de una aplicación web, hay que hablar de los distintos formatos de archivo para intercambiar datos entre el *front-end* y el *back-end*. En la gran mayoría de los casos, el formato utilizado es HTML y las tecnologías del *back-end* generan directamente el código que se va a visualizar por el navegador.

Sin embargo, existen situaciones donde eso no es recomendable y es preferible utilizar algún formato "más neutro" y que no esté ligado a su visualización por un navegador. Por ejemplo, imaginemos que queremos desarrollar la aplicación web de un periódico digital y creamos para el *back-end* un servicio web en Java o PHP que nos devuelve el contenido de la noticia como HTML. En el lado del cliente (*front-end*), el navegador puede cargar por AJAX la noticia y mostrársela al usuario directamente. Perfecto. Pero ¿y si queremos reaprovechar toda esta infraestructura para crear una *app* para dispositivo móvil que muestre las mismas noticias? Esta *app* podría conectarse muy fácilmente a nuestro servicio web para obtener las noticias, pero como no es una página web le sobraría toda la información del formato HTML, ya que todo el contenido se va a visualizar de una forma completamente distinta. Como HTML es un formato orientado a la "visualización" de documentos web, existen casos, como el anterior, donde sería mejor utilizar algún formato "más neutro" u orientado solo a los datos, donde se omita todo tipo de detalle sobre el formato. Dos ejemplos hoy muy populares de estos formatos son XML y JSON.

De esta forma, sea cual sea la tecnología con que visualicemos los datos (una web o una *app*), los datos serán independientes de ella y, por tanto, nuestro *back-end*, mucho más reutilizable. Luego cada tecnología del *front-end* se encargará de formatear los datos de una forma u otra. Por ejemplo, nuestra aplicación web podría pedir los datos con AJAX, recibiendo un fichero JSON que luego transformaría en código HTML.

1.5.1 XML

XML (*extensible markup language*) es un lenguaje de marcas desarrollado por el World Wide Web Consortium (W3C) que se utiliza para almacenar datos en forma legible.

XML no nació solo para aplicarse en Internet, sino que se propone como un estándar para el intercambio de información estructurada entre diferentes plataformas.

En realidad, el formato HTML es un subconjunto de XML. Eso quiere decir que XML es un lenguaje de marcas igual que HTML, pero donde no se limitan las marcas que se pueden utilizar (como sí se hace con HTML, donde solo podemos usar las marcas indicadas en el estándar: <body>, <h1>, <p>, etc.). Veamos un ejemplo de documento XML que podría generar nuestro *back-end* de noticias:

```
<Noticias>
  <Fecha>3 septiembre 2016</Fecha>
  <Noticia>
    <Titulo>Título de la noticia 1</Titulo>
    <Resumen>Resumen de la noticia 1 ...</Resumen>
    <Contenido>Contenido completo de la noticia 1 ...</Contenido>
  </Noticia>
  <Noticia>
    <Titulo>Título de la noticia 2</Titulo>
    <Resumen>Resumen de la noticia 2 ...</Resumen>
    <Contenido>Contenido completo de la noticia 2 ...</Contenido>
  </Noticia>
  <Noticia>
    <Titulo>Título de la noticia 3</Titulo>
    <Resumen>Resumen de la noticia 3 ...</Resumen>
    <Contenido>Contenido completo de la noticia 3 ...</Contenido>
  </Noticia>
<Noticias>
```

1.5.2 JSON

JSON (*JavaScript object notation*) es un formato ligero para el intercambio de datos. El "problema" de XML es que las marcas de inicio y cierre son, en cierta manera, redundantes y suponen aumentar significativamente la cantidad de datos que hay que transmitir. Con JSON se transmite menos información, gracias a lo cual aumenta la velocidad de recepción y se consume un menor ancho de banda.

Otra característica importante de JSON es su fácil manipulación con JavaScript (de ahí su nombre), lo que lo hace idóneo para combinarlo con AJAX.

Veamos cómo quedaría el ejemplo anterior en JSON:

```
"Noticias": {
  "Fecha": "3 septiembre 2016",
  "Noticia": {
    "Título": "Título de la noticia 1",
    "Resumen": "Resumen de la noticia 1 ...",
```

```
      "Contenido": "Contenido completo de la noticia 1 ..."
    }
    "Noticia": {
      "Título": "Título de la noticia 2",
      "Resumen": "Resumen de la noticia 2 ...",
      "Contenido": "Contenido completo de la noticia 2 ..."
    }
    "Noticia": {
      "Título": "Título de la noticia 3",
      "Resumen": "Resumen de la noticia 3 ...",
      "Contenido": "Contenido completo de la noticia 3 ..."
    }
  }
```

Una vez que hemos conocido tanto las tecnologías del *front-end* como las del *back-end*, lo siguiente es entender cómo se transmiten los datos de un lado al otro. Aunque entremos en un campo más técnico, es necesario comprender bien cómo funciona HTTP para poder utilizar formularios web, *cookies*, etc.

1.6 TECNOLOGÍAS DE TRANSFERENCIA DE DATOS WEB

La transferencia de información entre el cliente y el servidor se basa en los distintos protocolos de red que construyen Internet. Como transferir información entre ordenadores es una tarea compleja, se dividió el problema en distintas capas, cada una de las cuales se encarga de una característica concreta. En la Figura 1.6 se muestra cómo se hizo esta división.

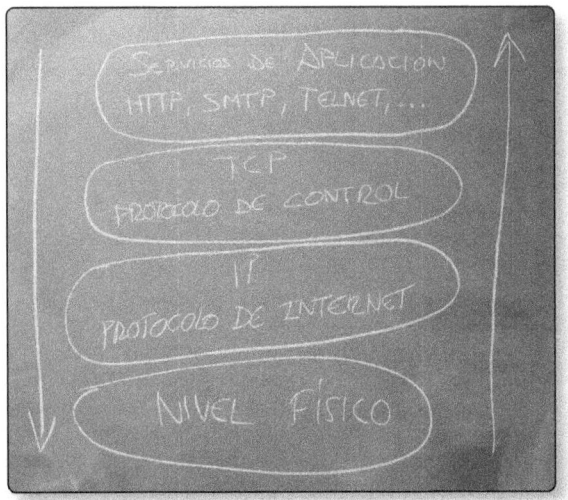

1.6. Modelo de capas de Internet

Dejando aparte la capa física encargada de transmitir la información (ethernet, fibra óptica, wifi, etc.), empezaremos por el *protocolo IP* (*Internet protocol*). Se encarga del encaminamiento de paquetes de datos entre las distintas máquinas y utiliza las *direcciones IP* para identificar a cada una de ellas. Las direcciones IP son cuatro números separados por un punto para identificar unívocamente a cada máquina. Por ejemplo, la IP 147.96.1.15 es la dirección en Internet del servidor web de la Universidad Complutense. Prueba a escribirlo en la barra de direcciones de tu navegador, verás que accedes a esa página web. En realidad, nuestras máquinas solo necesitan saber la dirección IP para poder comunicarse entre ellas, pero los creadores de Internet pronto se dieron cuenta de que los humanos somos realmente torpes recordando todas estas direcciones IP; por eso decidieron asignarles un "alias" fácil de recordar. Así surgieron los nombres de Internet, cada uno de los cuales está asociado a una IP. En nuestro caso, el alias de 147.96.1.15 es **www.ucm.es**. Existen IP y alias especiales; por ejemplo, **127.0.0.1**, cuyo nombre es **localhost** y que representa la propia máquina en la que estamos. Esto lo utilizaremos más adelante para visualizar las páginas que estemos desarrollando.

El protocolo IP se complementa con otro que garantiza la llamada de los paquetes y que se denomina TCP (protocolo de control del transporte o *transport control protocol*). Juntos forman los famosos protocolos TCP/IP que todo sistema operativo sabe "hablar" para comunicar datos con otras máquinas. A partir de ellos cada aplicación concreta creará sus propias normas para transferir la información, ya que no es lo mismo obtener una página web del servidor que enviar un correo electrónico. Estos protocolos son los llamados protocolos de aplicación. Existen innumerables protocolos para cada aplicación concreta; por ejemplo el protocolo DNS para traducir de nombre a IP. Sin embargo, HTTP es el protocolo más popular, ya que define las reglas para obtener archivos web. La Figura 1.7 intenta ilustrar todo este proceso de transmisión de información.

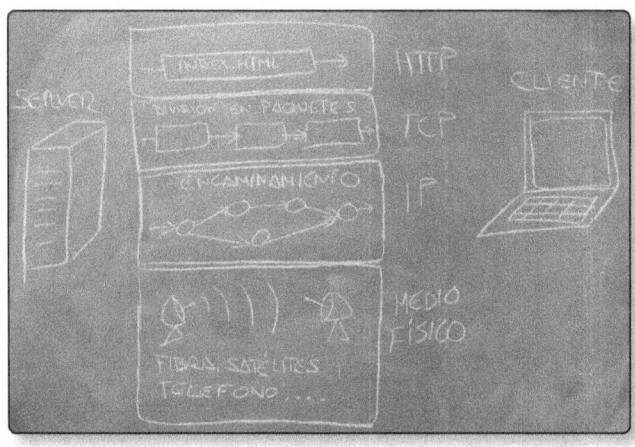

1.7. Ejemplo de transmisión de un fichero en Internet

Existiendo distintos protocolos para acceder a la información, innumerables máquinas que la alojan e incontables recursos en cada una de ellas, ¿cómo indica el cliente a qué servidor quiere hacer la petición y a qué recurso del servidor quiere acceder? Pues mediante un identificador único conocido como **URL** y del que hablaré a continuación.

1.6.1 Anatomía de una URL

Una **URL** (*uniform resource locator*) es la forma de identificar de manera única un recurso en Internet. Tiene el siguiente aspecto:

```
protocolo://dominio:puerto/ruta#fragmento?param1=val1&param2=
val2...
```

- ▼ `protocolo` es el lenguaje en el que se van a comunicar cliente y servidor. Como ya dijimos, el más común es el protocolo `http`, aunque existen otros.

- ▼ `dominio` es el nombre del servidor.

- ▼ `puerto` es el canal de comunicación con el servidor. Cada protocolo de aplicación tiene asignado un puerto distinto, ya que nos podemos comunicar con una misma máquina mediante distintos protocolos. Por defecto, el protocolo HTTP utiliza el puerto 80 (por eso no lo tenemos que escribir nunca).

- ▼ `ruta` indica el nombre del recurso al que queremos acceder en el servidor. Las rutas vacías (/) suelen indicar una ruta a un archivo por defecto que se configura en el servidor. Sin embargo, como sabemos por experiencia, las rutas suelen ser más largas.

- ▼ `#fragmento` se refiere a una parte concreta de la página y no hace ninguna petición al servidor (se usará para hacer algunas cosas en JavaScript).

- ▼ `?param1=valor1` son los parámetros de consulta. Es una forma de pasar información extra al servidor que ya hemos visto en los ejemplos de la sección anterior cuando indicábamos el número de repeticiones del saludo (`http://www.miserver.es/repite.php?veces=3`). Si pasamos más de un parámetro, entonces los separaremos con el símbolo &.

Una vez que conocemos cómo se identifican recursos en la web, podemos explicar el protocolo fundamental de toda aplicación web: el protocolo HTTP.

1.6.2 El protocolo HTTP

El lenguaje que los clientes y servidores web utilizan para comunicarse entre sí se conoce como **HTTP** (protocolo de transferencia de hipertexto). Todos los clientes y servidores web deben ser capaces de "hablar" HTTP para enviar y recibir documentos hipermedia.

Para que una máquina conectada a Internet pueda ofrecer archivos mediante HTTP, necesitamos ejecutar en ella un programa servidor de HTTP. Tanto a este programa como a la máquina que lo ejecuta se les denomina servidor web. En breve aprenderás los detalles del protocolo y cómo arrancar un servidor web en cualquier ordenador.

1.6.2.1 FUNCIONAMIENTO DE HTTP

HTTP es un protocolo de comunicación de tipo petición-respuesta sin estado cuya operación básica es la siguiente:

1. Una aplicación ejecutada por un cliente (habitualmente un navegador web) se conecta al servidor web.

2. A través de la conexión, el cliente envía la petición codificada como un fragmento de texto.

3. El servidor web analiza la petición y localiza el recurso especificado.

4. El servidor envía una copia del recurso al cliente a través de la conexión.

5. El servidor cierra la conexión.

6. El navegador interpreta los datos recibidos del servidor y muestra al cliente el documento solicitado.

7. A veces el documento pide descargar datos adicionales (por ejemplo, imágenes). Para estos archivos, se abren nuevas conexiones HTTP independientes.

De esta forma, en el funcionamiento de HTTP intervienen dos actores distintos: el servidor HTTP y el cliente HTTP. Los clientes de HTTP son simplemente los navegadores web. La elección de un navegador web no es una decisión trivial a la hora de desarrollar una aplicación web; de hecho, deberíamos probar nuestro código web en cada uno de ellos para asegurarnos su compatibilidad. Siendo prácticos, lo mejor es utilizar el navegador más extendido para hacer el desarrollo y luego probar con el resto. Por tanto, y teniendo una cuota de usuarios estimada en el 60 %, lo más aconsejable es utilizar Google Chrome. Esta elección no se basa solo su popularidad, sino en las herramientas de desarrollo que incluye.

Si eliges la opción **Herramientas para desarrolladores** de tu Chrome, aparecerán una serie de ventanas como las que se muestran en la Figura 1.8. Una de ellas nos permite, por ejemplo, visualizar todas las peticiones HTTP que se realizan entre el propio Chrome y el servidor web cuando introducimos una URL. Selecciona la pestaña de **Red** (Network) e introduce una URL cualquiera, por ejemplo: **www.ra-ma.es**. A continuación aparecerán las distintas peticiones HTTP enviadas y recibidas desde el servidor. Si echas un vistazo verás que se descargan los distintos elementos de un sitio web: archivos HTML, imágenes, hojas de estilo CSS, código en JavaScript…

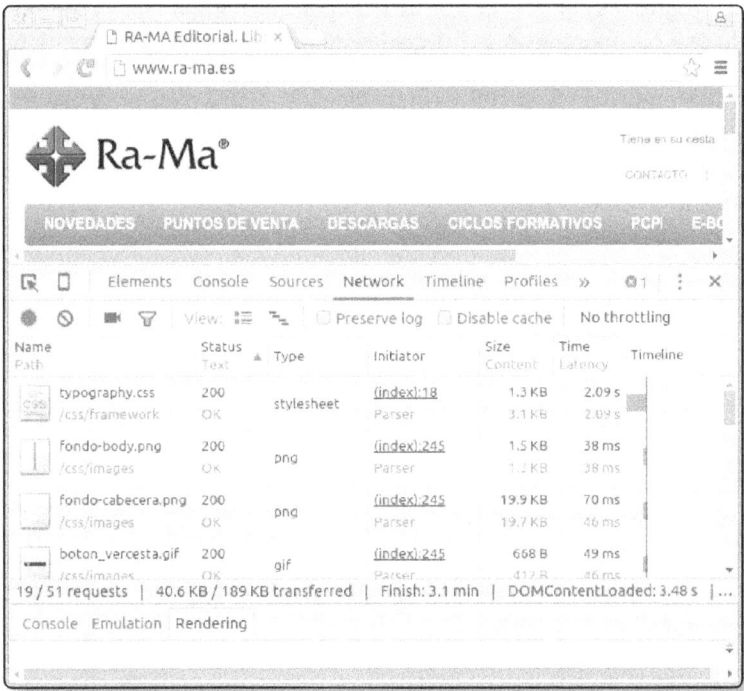

1.8. Información sobre tráfico HTTP en Chrome

Instalar y usar Chrome es muy fácil para cualquier tipo de usuario; sin embargo, para poder desarrollar sitios web necesitamos instalar y utilizar el software del "otro lado" de la conexión: el servidor HTTP. Esto no es tan obvio, así que veamos cómo hacerlo.

1.6.2.2 SERVIDORES HTTP

Hoy tampoco resulta demasiado complicado ejecutar un servidor HTTP en nuestro PC. El software más popular, que además es gratuito, se denomina Apache. Existen innumerables manuales en la web para aprender a instalarlo y utilizarlo. Tanto Linux como Mac vienen con un servidor **Apache** fácil de instalar y ejecutar que podemos utilizar como servidor web. Sin embargo, para Windows es algo más complejo, por lo que en la Facultad de Informática de la Universidad Complutense utilizamos un software que facilita su arranque, denominado XAMPP. Aquí quiero hacer un inciso sobre el software que recomendaré en este libro. Como casi todo, es una cuestión de gustos y existen numerosas alternativas, tanto libres como de pago. Es decisión de cada uno elegir el software que más se adapte a sus necesidades. Yo, personalmente, prefiero dar varias opciones y dejar a mis alumnos elegir el que más les guste, sin imponer ninguna opción concreta. Lo que haré a lo largo del libro es indicar qué programas son los más utilizados por mis compañeros y alumnos, dando por sentado que las opciones más utilizadas por ellos son las más recomendables.

Como indicaba, XAMPP es muy buena opción para arrancar un servidor web de forma fácil. Una vez descargado e instalado XAMPP, iniciar servidor es muy simple: abrimos el **Panel de control** y damos al botón **Start** que hay junto al servicio llamado Apache (véase la Figura 1.9).

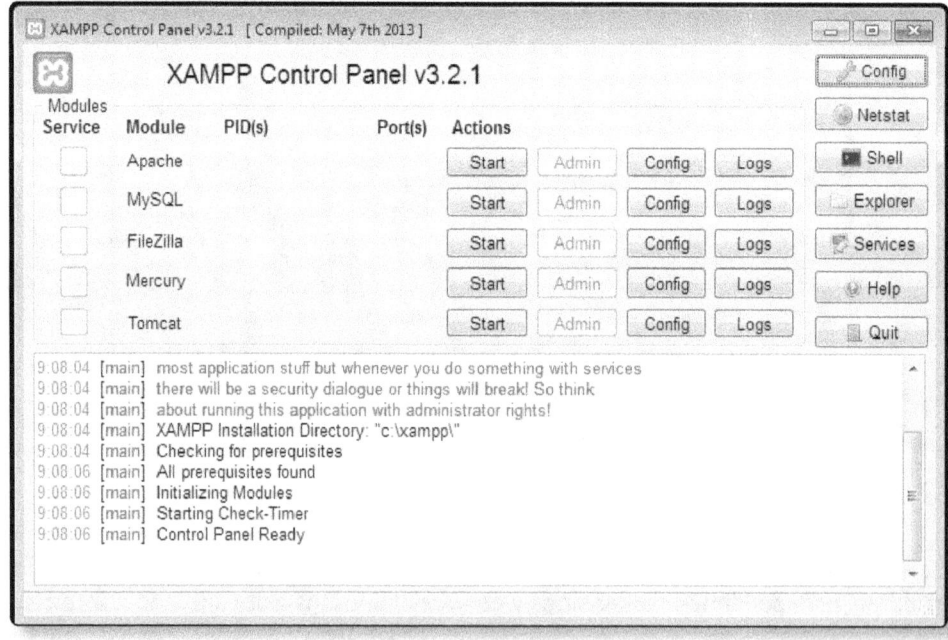

1.9. Panel de control de XAMPP

La prueba de que está funcionando es que al escribir la URL `localhost` (alias de 127.0.0.1), en nuestro navegador aparecerá una pantalla de inicio como la de la Figura 1.10.

1.10. XAMPP funcionando

Dentro de la opción **config** podremos seleccionar el directorio de nuestro servidor donde se encuentran los documentos que haya que servir mediante HTTP. Es en este directorio donde tendremos que copiar los archivos HTML que queramos "servir" por HTTP. Por ejemplo, si elegimos la carpeta `c:\web` para servir los archivos y copiamos allí el archivo `principal.html`, la URL que tendremos que escribir en el navegador sería `http://localhost/principal.html`. Por supuesto, también podemos utilizar subdirectorios. En este caso, si el archivo estuviere en `c:\web\sitio1`, la URL sería `http://localhost/sitio1/principal.html`.

Como ejercicio, emplea el código HTML del ejemplo que vimos en la sección anterior para crear **principal.html** y publicarlo a través de tu propio servidor web en **localhost**.

Aprovecho este punto para indicar un error típico que aparece al desarrollar páginas web en nuestro PC. Normalmente tendemos a abrir los archivos HTML pulsando sobre ellos con el ratón. El navegador los abre y los visualiza, pero en este caso no estamos utilizando el protocolo HTTP para cargarlos, sino que se leen directamente del disco. Por eso la URL no es `http://localhost/principal.html` sino `file://c:\web\principal.html`. Aunque al principio nos parezca que da igual, cuando añadamos funcionalidad extra, como AJAX, no funcionará a menos que visualicemos el documento HTML a través de HTTP. Por tanto, **siempre** deberemos abrir las páginas HTML que desarrollemos escribiendo la URL correspondiente mediante HTTP.

El software Apache es el que normalmente se emplea en servidores web de Internet. Así que podríamos utilizar nuestra propia máquina como servidor web para el público. Sin embargo, siempre son necesarias muchas tareas de mantenimiento y seguridad, por lo que se suele contratar un servicio profesional de *hosting*.

1.6.2.3 PETICIONES HTTP

Cuando un navegador utiliza el protocolo HTTP para comunicarse con el servidor, formula una serie de *peticiones* que constan de:

- Un método de petición (GET, POST, etc.)
- Una URL (http://…)
- Datos adicionales sobre la petición (IP, Referer, Timestamp, UserAgent, etc.).

Existen dos tipos de petición principales: GET y POST. La petición GET solicita el recurso identificado por la URL y es el mecanismo más habitual. De hecho, si vuelves a fijarte en la ventana de tráfico de red de Chrome comprobarás que en el método (Method) siempre aparece GET. Cuando hacemos una petición GET y tenemos que enviar información al servidor, esta se incluye en la URL como parámetros. Ya vimos en la introducción el ejemplo que repite el saludo tantas `veces` como indiquemos en la URL. Otro ejemplo fácil es el buscador de Google. Simplemente tenemos que añadir el parámetro `q=` al final de la URL: `https://www.google.es/search?q=ra-ma` nos devuelve todos los resultados que contengan el término "ra-ma". Otro claro ejemplo es el cuadro de búsqueda en la página web `www.ra-ma.es`; fíjate en la URL que aparece cuando realizas una búsqueda.

Muchas veces resulta poco recomendable que los datos enviados al servidor aparezcan en la URL. Es el caso de los formularios o cuando enviamos datos demasiado largos, como, por ejemplo, archivos. En ese caso es mejor utilizar el método POST, que incrusta los datos en la petición (paquete de datos) enviada al servidor. Aquí es importante tener claro que, aunque los datos enviados no aparezcan en la URL, siguen siendo fácilmente legibles por cualquiera que esté "escuchando" nuestra red TCP/IP, ya que HTTP se basa en peticiones de texto plano. Si queremos que los datos no puedan ser leídos por nadie (contraseñas, datos de transacciones económicas, etc.) deberemos encriptar la comunicación mediante HTTP seguro (HTTPS).

El protocolo HTTP es bastante sencillo y podemos utilizarlo sin necesidad de un navegador. Simplemente podemos abrir una conexión con el servidor web y escribir nosotros "a mano" los mensajes HTTP que queramos transmitir. Esto nos permite entender mejor cómo funciona este protocolo, así que a continuación haremos un pequeño ejercicio que consiste en "hablar" HTTP con nuestro servidor web.

Para conectar con el servidor podemos utilizar la aplicación **telnet**. Esta aplicación es un "dinosaurio" de la informática que ha sobrevivido hasta nuestros días, ya que nació a la vez que Internet y hoy apenas se utiliza. De hecho, ya hablamos de ella al explicar el vídeo que sirvió para repasar la historia de la Web. Esta herramienta simplemente abre una conexión TCP con el servidor y puerto indicado permitiéndonos enviar y recibir texto. En los sistemas operativos Linux y MacOS suele venir preinstalada para utilizarla a través de la consola de comandos. Para conectar con nuestro propio servidor web solo tendremos que ejecutar **telnet localhost 80**. En Windows también existe una aplicación nativa **telnet**, pero es mejor utilizar un programa específico como puede ser PuTTy (*http://www.putty.org/*). De nuevo, configura el *host* como *localhost* y el puerto *80* para conectar. Dependiendo del servidor utilizado tendrás que activar la casilla de modo *raw*.

Una vez que estemos conectados al servidor podremos enviarle mensajes HTTP. Un mensaje HTTP es un fragmento de texto que consta de los siguientes elementos:

- Línea inicial.
- Líneas de cabecera.
- Línea en blanco (CRLF).
- Cuerpo de mensaje opcional (un fichero, solicitud de datos, datos resultado de una solicitud).

La línea inicial indica qué tipo de mensaje estamos enviando. Ya conocemos los principales (**GET** y **POST**), aunque también existen otros menos utilizados:

- **HEAD**: como GET pero pide al servidor que solo envíe la cabecera de la respuesta. Es decir, no envía el contenido de la respuesta.
- **PUT**: sube archivos en el cuerpo de la solicitud
- **DELETE**: borra el archivo especificado en el campo URL (si el servidor le deja, claro).
- **Otros**: OPTIONS, TRACE y CONNECT…

A continuación de la línea inicial vienen las líneas de cabecera, que siempre tienen la estructura **Nombre-cabecera: valor**. Existen hasta 46 cabeceras distintas para identificar el navegador, sistema operativo, *cookies*, etc. Pero solo una es obligatoria: la que identifica al *host* al que estamos conectando. Por ejemplo: **Host: localhost** para contactar con nuestro propio servidor web.

Veamos un ejemplo completo. Supongamos que queremos obtener el fichero que hemos creado anteriormente y que está en la URL `http://localhost/principal.html`. Una vez conectados con telnet tendremos que escribir el siguiente texto:

```
GET /principal.html HTTP/1.1
Host: localhost
```

Para enviar la petición tendremos que pulsar **Intro** dos veces. Vemos que a continuación del tipo de la petición estamos indicando la versión del protocolo HTTP que vamos a utilizar (la versión 1.1 es la común actualmente).

En la Figura 1.11 podemos ver un ejemplo de cómo simular una petición HTTP con telnet utilizando la consola de Linux.

1.11. Ejemplo de petición GET con telnet

1.6.2.4 RESPUESTAS HTTP

Cuando el servidor web recibe una petición, debe devolver una respuesta HTTP que contiene los siguientes elementos.

- ▼ Código de respuesta.
- ▼ Datos de cabecera.
- ▼ Cuerpo.

Los códigos de respuesta más habituales son las siguientes:

- ▼ **200**: éxito. En el cuerpo del mensaje se incluye el recurso solicitado.
- ▼ **404**: recurso no encontrado. Este error nos lo encontramos habitualmente cuando navegamos a una URL que no existe.
- ▼ **5xx**: indica un error en el servidor que impide dar respuesta a la petición. Es mucho menos común.

A continuación del código de respuesta se suelen incluir distintas líneas de cabecera con información sobre el servidor y los datos que nos devuelve:

- ▼ **Date**: fecha y hora actual en el servidor.
- ▼ **Server**: identifica el software del servidor "Program-name/x.xx".
- ▼ **Last-Modified**: última modificación del recurso (para gestionar cachés).
- ▼ **Content-Length**: número de bytes que va a contener la respuesta.
- ▼ **Content-Type**: tipo MIME del contenido.

Comprueba en la Figura 1.11 la respuesta indicada por el servidor al realizar la petición **GET** que obtenía el archivo **principal.html** mediante telnet.

Aunque podemos "hablar" HTTP mediante telnet y resulta muy interesante hacerlo alguna vez, es más normal utilizar el navegador para inspeccionar el funcionamiento de este protocolo. Podemos hacerlo –de nuevo– mediante la pestaña de **Red** (Network) en las herramientas de Chrome. La Figura 1.12 muestra la salida de esta herramienta cuando realizamos la petición `http://localhost/principal.html`. Vemos que recibimos el código 200 para la página HTML, pero no así con la imagen que enlazamos desde ese archivo (*gato.png*), porque, en este caso, la hemos borrado deliberadamente del directorio desde donde sirve las páginas nuestro servidor web. Como no se encuentra esa imagen, el servidor devuelve un código 404.

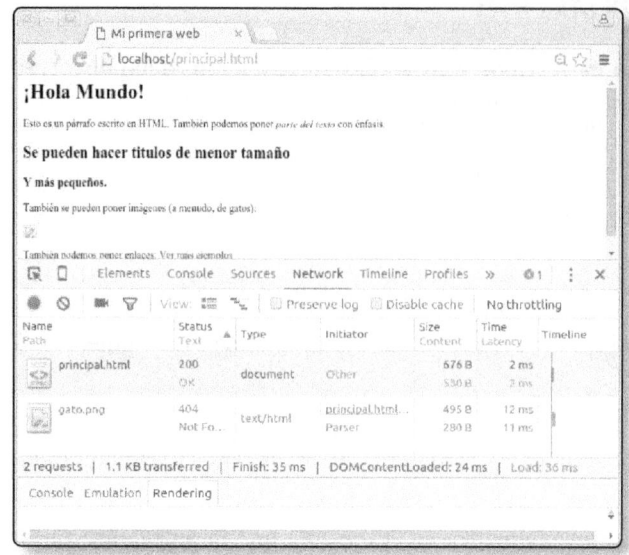

1.12. Inspección de una petición GET con las herramientas de Chrome

Si pulsamos sobre la primera petición GET, podemos ver los detalles de la misma (Figura 1.13). En este caso, la herramienta nos muestra todos los detalles de la petición HTTP enviada al servidor, así como la respuesta recibida.

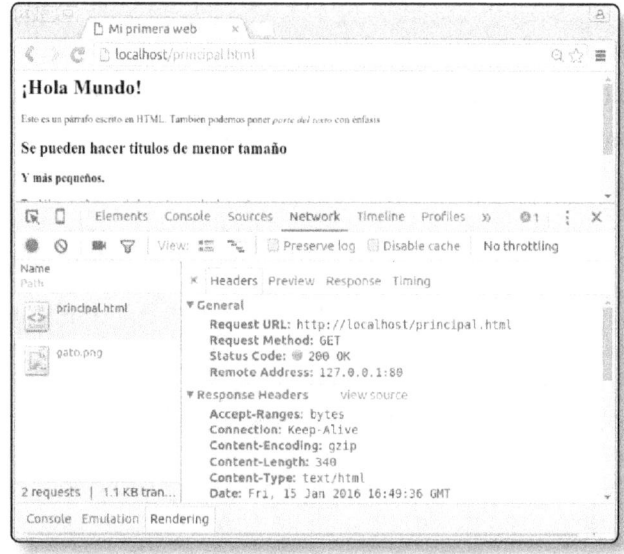

1.13. Detalle de una petición GET con las herramientas de Chrome

También puedes intentar conectar con cualquier servidor web y comprobar las peticiones y respuestas HTTP intercambiadas. Prueba a hacerlo también con telnet como curiosidad.

Ahora que ya conocemos todos los "secretos" de HTTP, veamos cómo podemos guardar información sobre el usuario de una llamada a otra. Para ello utilizaremos las **cookies**.

1.6.3 Cookies

Como hemos visto en los ejemplos anteriores, HTTP es un protocolo **sin estado**, lo cual quiere decir que no podemos guardar información sobre el usuario de una petición a otra, ya que son totalmente independientes. Esto es una limitación que tiene la ventaja de simplificar enormemente el protocolo, pero que debemos solventar para poder añadir funcionalidad a nuestra web. Para ello utilizaremos las **cookies**.

Una *cookie* es una cadena de texto que se pasa en una cabecera HTTP y que el navegador puede guardar en un pequeño fichero de texto. El contenido de la *cookie* siempre se genera en el servidor con información sobre el cliente. La *cookie* se reenvía luego al servidor HTTP con cada petición del cliente a ese servidor. De esta forma, podemos almacenar la información que queramos sobre el cliente y recibirla en cada petición de este.

Veamos un ejemplo. Comprueba mediante la herramienta de red de Chrome el mensaje GET de `http://www.amazon.es/gp/help/customer/display.html`. El resultado se muestra en la Figura 1.14.

1.14. Petición GET a www.amazon.es

En este ejemplo podemos intuir que al hacer la petición se envía una *cookie* y que al recibir la respuesta la *cookie* se actualiza. Aunque las *cookies* sean simplemente fragmentos de texto, las aplicaciones web suelen encriptarlas o codificarlas para que no puedan ser leídas por terceros, normalmente por seguridad. De hecho, es bastante común que lo único que se guarde en la *cookie* sea una especie de clave que identifique al usuario en la base de datos del servidor para así poder almacenar mucha información sobre este. Por eso, aunque una *cookie* pueda ocupar hasta 4 Kbytes, normalmente solo utilizan unos 100 bytes.

Si miramos el contenido de una *cookie*, veremos que está formado por un conjunto de pares `<nombre, valor>`. Pueden tener algún tipo de comentario que explique al usuario para qué sirve la *cookie*. Además, en la *cookie* se especifican las páginas y dominios a los que el navegador debe enviarla, así como su fecha de expiración. Esto nos permite mantener las sesiones de navegación de los usuarios cuando se han logueado en una aplicación web. Otros usos comunes de las *cookies* son guardar preferencias del usuario, reconocer antiguos usuarios y, sobre todo, recoger datos usados por aplicaciones de compra electrónica.

Gracias a las *cookies* podemos mantener información sobre el usuario de una sesión a otra, pero el protocolo HTTP todavía tiene otra gran carencia que solventar: la seguridad. Para ello disponemos de la versión encriptada de HTTP.

1.6.4 HTTPS

El HTTP seguro o HTTPS permite que la información sensible (datos de usuario, *passwords*, pagos, etc.) no pueda ser interceptada durante la transferencia de datos. Para ello se utiliza un tipo de criptografía denominado SSL/TLS.

Este tipo de criptografía requiere que nuestro servidor web cuente con un certificado que garantice su identidad. La veracidad de este certificado se comprueba a su vez mediante una serie de certificados que ya vienen instalados en el navegador y que se generan por las llamadas *autoridades de certificación*. Por tanto, si queremos utilizar HTTPS en nuestro servidor deberemos comprar un certificado a esas autoridades de certificación. Existen numerosas empresas que se encargan de ello y es fácil encontrarlas en la Web.

Una vez instalado nuestro certificado, los usuarios podrán conectarse de forma cifrada utilizando la URL `https://...`. En este caso se utilizará el puerto 443 en vez del puerto 80 estándar de HTTP.

2
EL CONTENIDO: HTML5

El lenguaje HTML (*hypertext markup language*) es el lenguaje con el que se definen páginas Web. Permite describir el **contenido** de una página, incluyendo texto y otros elementos (imágenes, vídeo, otros documentos, etc.).

HTML es la tecnología fundamental de la World Wide Web y ha ido evolucionando hasta nuestros días. En este libro vamos a centrarnos en la última versión del lenguaje: HTML5. A continuación comenzaremos a ver los conceptos fundamentales de este lenguaje.

2.1 HERRAMIENTAS DE DESARROLLO

Para escribir código HTML solo necesitamos un editor de texto sencillo. Sin embargo, resulta muy recomendable utilizar algún editor específico que nos facilite la escritura con autocompletados, resaltado de sintaxis, etc.

De nuevo, aquí daré varias opciones para que elijas la que más te convenga. Para los desarrolladores más avanzados podría recomendar el editor Sublime Text. Yo mismo utilizo este editor tanto para el desarrollo web como para otras muchas cosas (por ejemplo, escribir este libro). Esta es la elección de muchos otros profesores de la universidad. Los alumnos suelen preferir otros editores más amigables, aunque siempre evitando los editores visuales porque suelen *enguarrar* el código HTML. Una opción muy popular es Brackets, que permite visualizar el código HTML automáticamente. Una última alternativa que se está poniendo bastante de moda es el editor Atom.

Es importante establecer en el editor qué codificación de caracteres queremos utilizar. La mejor opción suele ser UTF-8, el estándar para Internet y sistemas Linux. Windows y MacOS utilizan otras codificaciones distintas, por lo que deberemos hacer coincidir la configuración de codificación del editor con la cabecera de nuestro documento HTML para que el texto se visualice correctamente.

Otra opción cuando vamos a hacer pruebas relativamente sencillas son los editores online como http://codepen.io/. En estos editores puedes escribir tu código HTML, CSS o JavaScript y probarlo automáticamente. La desventaja es que no puedes guardar el código a menos que hagas una inscripción.

Prueba a instalar algún editor que te sirva para curiosear con los distintos ejemplos que iremos viendo de ahora en adelante. Recuerda que deberás utilizar el servidor web que ya aprendimos a configurar en el capítulo anterior. Para ir calentando puedes copiar el código que aparecía en los ejemplos de ese mismo capítulo. Muy posiblemente tendrás problemas al visualizar los caracteres especiales, ya que los ejemplos no incluyen esta configuración en la cabecera.

2.2 INTRODUCCIÓN A HTML5

HTML es un **lenguaje de marcas**, es decir, consta de *texto*, que define los contenidos reales de la página web, y de *marcas* especiales (también conocidas como *etiquetas* o *tags*) que permiten dar "significado" al texto o contenido, así como indicar algún tratamiento especial sobre dicho texto.

La idea básica de los lenguajes de marcado es estructurar el contenido mediante dichas marcas o etiquetas (*tags*). Además, como iremos viendo, a cada etiqueta se pueden asociar varios atributos. De este modo se pueden especificar características de formato, de tipo de información, etc. para que puedan ser procesadas e interpretadas por un programa (en el caso de HTML, por un navegador). Por ejemplo, en un lenguaje de marcas propio podríamos definir marcas como estas (ojo, estas marcas no son HTML):

```
<oscuro>Este texto va en negrita</oscuro> y
esta <importante>palabra</importante> es fundamental.
```

Y luego definir cómo se interpretan estas marcas. Por ejemplo, que el contenido de `<oscuro>` se muestre en negrita y el de `<importante>` en cursiva: "**Este texto va en negrita** y esta *palabra* es fundamental".

Lo que hace el estándar HTML5 es especificar qué marcas deben utilizarse para escribir un documento web y qué significa cada una de ellas. De esta forma, cualquier navegador sabrá cómo interpretarlas. Por ejemplo, todo documento HTML ha de ir delimitado por la etiqueta de inicio y cierre `<html>`. Dentro de estas dos etiquetas tenemos dos partes bien diferenciadas: Cabecera (elemento `<head>`) y Cuerpo (elemento `<body>`). Estas son las etiquetas HTML que encontraremos en cualquier página web y que definen su estructura. En las próximas secciones estudiaremos cada una de estas partes.

2.2.1 Etiquetas y atributos

En HTML las **etiquetas** se escriben con el siguiente formato:

`<marca>contenido</marca>`

La etiqueta aquí representada se llama `marca` y vemos que la etiqueta de comienzo y la etiqueta de cierre se distinguen en que la de cierre comienza por una barra inclinada (/). En HTML hay muchas etiquetas emparejadas como estas:

```
<h1>Introducción</h1>
<p>Esto es un párrafo</p>
```

Pero HTML también permite tener algunas etiquetas sin emparejar. Estas etiquetas terminan con una barra inclinada:

```
<hr />
<link ... />
```

Incluso hay etiquetas que no necesitan una etiqueta de cierre:

```
<img ...>
<p>Esto es un párrafo pero no necesita cierre.
```

En HTML las etiquetas se pueden escribir en mayúsculas o minúsculas, indistintamente. El bloque contenido entre una etiqueta de inicio y otra de cierre (o una etiqueta sin emparejar) lo llamaremos **elemento**. Veremos que lo normal es que unos elementos estén contenidos dentro de otros elementos. De esta forma daremos estructura al documento.

Un elemento puede tener una etiqueta con **atributos**. Un atributo especifica algunas características singulares de un elemento o información adicional. Los atributos se especifican como pares `atributo="valor"`, separados por espacios dentro de la etiqueta de inicio:

`<etiqueta atributo="valor"> texto </etiqueta>`

En HTML no es obligatorio que el valor vaya entre comillas, pero sí recomendado. Se usan en muchos elementos:

```
<a href="http://www.ra-ma.es/">Editorial RA-MA</a>
<img src="smiley.gif" alt="Carita sonriente" />
```

El primero define un hiperenlace mientras que el segundo da información sobre la imagen que se va a insertar en el documento.

Existen atributos genéricos que se pueden asociar a cualquier etiqueta y que nos serán de gran utilidad cuando estudiemos las tecnologías CSS y JavaScript:

```
id = "texto"
```

Asigna un identificador único al elemento dentro de la página. De esta forma podremos dar formato o manipular un elemento concreto de la página web.

```
class = "texto"
```

Indica que el elemento es de una clase concreta. Así varios elementos pueden ser de la misma clase y luego formatearlos o manipularlos de forma conjunta.

```
style = "texto"
```

Establece de forma directa los estilos CSS del elemento. Intentaremos evitar esto para no mezclar formato y contenido. Es su lugar, todo el estilo irá en un archivo CSS aparte.

```
title = "texto"
```

Asigna un título a un elemento. Es útil para mejorar la accesibilidad, ya que los navegadores lo muestran cuando el usuario pasa el ratón por encima del elemento.

2.2.2 Comentarios en el documento HTML

Los comentarios son texto que ignora el navegador pero que es útil para el desarrollador, ya que ayudan a entender el código. Los comentarios pueden estar insertados en cualquier lugar de la página web.

```
<!-- texto del comentario (una o más líneas) -->
```

Normalmente se usan para marcar el comienzo y el final de las secciones de las páginas, incluir notas para otros diseñadores, incluir explicaciones sobre el código de la página…

2.2.3 Caracteres especiales

Imaginemos que queremos escribir el texto "x < y" dentro de un documento HTML. Al leer ese texto y encontrar el símbolo <, el navegador asumirá que a continuación viene el nombre de una etiqueta válida en HTML. Al no ser así, no mostrará el texto correctamente. Esto se debe a que el carácter < tiene un significado especial en el lenguaje HTML; por tanto, no podemos utilizarlo dentro del texto normal. Por ello existen símbolos especiales para escribir los caracteres que usa HTML para definir etiquetas y demás elementos:

- `&lt;`: <
- `&gt;`: >
- `&amp;`: &
- `&quot;`: "
- ` `: (espacio en blanco)
- `&apos;`: '
- `&ndash;`: –

En nuestro ejemplo, la forma correcta de escribir el texto sería x `&lt;` y. Como vemos, todos los símbolos especiales empiezan por `&` y acaban con `;`. Existe una tabla completa de 256 caracteres universales que podemos consultar en este enlace: *http://en.wikipedia.org/wiki/ListofXMLandHTMLcharacterentity_references*.

2.3 LA CABECERA HTML

La cabecera está delimitada por el elemento `<head>` (siempre contenida dentro del elemento `html`) y en ella se describe información del documento y su configuración (título, configuración, *scripts* y estilos). Veamos las partes más importantes.

2.3.1 Título del documento

El elemento `<title>` indica el título del documento. Es una etiqueta "obligatoria" y tiene que aparecer una sola vez en el documento. El navegador lo visualiza en la barra de título de su ventana. Por ejemplo, si escribimos lo siguiente:

```
<html>
  <head>
    <title>El titulo de mi primer sitio</title>
  </head>
  <body>
    Mi primer sitio web
  </body>
</html>
```

Como puedes comprobar en la Figura 2.1, en la barra de título (en este caso, en la pestaña) aparece el título indicado.

2.1. Título de la página

La tilde de la palabra *Título* ha sido deliberadamente eliminada, ya que si la escribimos aparecerán símbolos indebidos (de momento) debido a que no hemos especificado la codificación de caracteres. Veamos cómo indicarlo junto con otra información adicional.

2.3.2 Metadatos

Los metadatos (elementos `<meta>`) proporcionan metainformación sobre el documento (información procesable automáticamente por programas que analicen la página). Normalmente usan los atributos `name` (para definir un tipo de metadato) y `content` (para definir el valor), aunque en el ejemplo veremos que algunos no lo usan. Algunos de los más habituales son los siguientes:

```
<meta charset="utf-8">
<meta name="author" content="Juan Antonio Recio" />
<meta name="keywords" content="desarrollo web, html, css, javascript" />
<meta name="description" content="El mejor libro sobre desarrollo web." />
```

- ▶ `charset` indica la codificación en la que se ha escrito el documento de la página. Es importante para que podamos ver correctamente las tildes en nuestra página. Como nuestro editor de texto guarda en codificación UTF-8 eso es lo que hemos indicado.

- ▶ `author` indica el autor de la página.

- ▶ `keywords` y `description` hacen referencia al contenido de la página y suelen ser usados por los motores de búsqueda como Google o Bing para indexar las páginas web. De esta forma, el buscador sabe qué términos de búsqueda son los que mejor describen a nuestra web para así mostrársela a sus usuarios.

2.3.3 Enlaces a otros archivos

En la cabecera podemos indicar enlaces a otros archivos que queremos que se carguen junto con la página web. Generalmente, estos archivos serán hojas de estilo CSS y archivos JavaScript, ya sean librerías adicionales o nuestros propios archivos. Esto se realiza con el elemento `<link/>`:

```
<link rel="stylesheet" type="text/css" href="/css/formato.css" />
```

El atributo `href` es el que indica el documento que estamos cargando; `type` indica el tipo de documento que es; `rel` indica la relación entre ambos documentos. El atributo `href` puede hacer referencia a:

- Una URI absoluta (`http://...`).
- Una ruta relativa al archivo desde el que se referencia (como en el ejemplo).

2.3.4 Scripts

El elemento `<script>` permite incluir código ejecutable (un *script*) en nuestra página web. Aunque por defecto se espera JavaScript, conviene especificarlo. También conviene especificar qué es lo que queremos que se muestre en navegadores que no pueden procesar `<script>` (puede ser que el usuario del navegador lo haya bloqueado). Esto se realiza mediante el elemento `<noscript>`.

```
<script type="text/javascript">
  //Código JavaScript
</script>
<noscript>
  <p>
    Esta página requiere el uso de JavaScript.
    Por favor compruebe la configuración de su navegador.
  </p>
</noscript>
```

También puede referirse a un fichero externo:

```
<script type="text/javascript"
    src="http://www.miserver.es/js/miscript.js">
</script>
```

Aquí conviene hablar un poco sobre la inclusión de ficheros de JavaScript. En muchas páginas web la inclusión de ficheros externos JavaScript no se hace en la cabecera sino en la parte final del cuerpo `<body>` del documento. La razón es que acelera la carga de la página. Obviamente, los navegadores procesan los archivos HTML según los leen y, si se encuentra un enlace a un *script* externo en la cabecera (que siempre está al comienzo del documento), entonces el procesamiento de la página se para hasta que se haya descargado ese *script*. Ahora imaginemos que el servidor donde se aloja el *script* externo está saturado y tarda unos segundos en responder. En ese caso, el usuario que intenta visualizar la web solo verá una página en blanco, ya que el navegador todavía no ha procesado nada del contenido del documento (elemento `<body>`, que se encuentra a continuación de la cabecera). Por eso, algunos desarrolladores web incluyen los *scripts* al final del documento. Si posponemos la inclusión del *script* externo al final del código HTML, el navegador ya habrá visualizado todo su contenido y el usuario ya lo estará viendo por pantalla. Eso sí, sin la interactividad que se incluya en el *script* que falta por cargar. Como la mayoría de *scripts* se encargan de la interacción con el usuario, no es demasiado grave que el usuario tenga que esperar unos segundos hasta empezar a ver animaciones, poder enviar formularios, etc. De hecho, el usuario suele tardar mucho más en comprender el contenido visual de la página y en empezar la interacción.

2.3.5 Estilos

El elemento `<style>` permite definir propiedades de estilos que se aplicarán a lo largo del documento. En este elemento generalmente se indica la que se va a aplicar, aunque se pueden definir estilos incrustados en el propio HTML. Veremos la sintaxis detallada de los estilos en el próximo capítulo.

De nuevo podemos indicar el estilo dentro de la propia etiqueta `<style>`, aunque es mucho más práctico utilizar un archivo de estilos externo. A continuación se muestra un ejemplo de ambas opciones.

```
<style type="text/css">
p { font-family: Arial;
    font-size: 10pt;
    color: rgb(0,0,128);
    text-indent: 15px;
    text-align: justify;
    margin-left: 10px }
</style>
<style type="text/css" href="/css/miEstilo.css">
```

2.4 EL CUERPO DEL DOCUMENTO HTML

El cuerpo de un documento HTML incluye los contenidos propiamente dichos de la página. El cuerpo se define dentro de un elemento `<body>`. En esta parte del documento es donde se incluyen la gran mayoría de etiquetas HTML. Existe una gran cantidad de etiquetas, que, a su vez, tienen distintos atributos. Por eso, a la hora de aprender HTML5 el objetivo debe ser conocer qué se puede hacer con este lenguaje y saber que existen ciertas etiquetas para ello, dejando al margen la memorización de todas ellas. Para eso hay muchos recursos *on-line* que ofrecen el listado completo (por ejemplo: www.w3schools.com); por esta razón, en este capítulo intentaré ser bastante exhaustivo, pero sin entrar en demasiados detalles sobre su sintaxis completa.

Podemos estudiar el lenguaje HTML5 agrupando sus etiquetas en función de para qué se utilizan. Por un lado encontramos las etiquetas que nos sirven para *estructurar el documento en bloques* (cabecera, sección, navegación). Otro conjunto de etiquetas nos sirve para indicar la *estructura del texto* dentro de cada bloque (títulos, párrafos…). Por último están las etiquetas que se utilizan para *caracterizar fragmentos de texto* (texto enfatizado, fragmentos de código). Veamos las etiquetas más importantes de cada grupo.

2.4.1 Etiquetas de estructuración del documento

Lo primero que debemos hacer al diseñar una página web es decidir cuál es su estructura en bloques. Normalmente toda web tiene una cabecera de título, algún tipo de barra lateral de navegación, un contenido principal y quizás un pie de página. Para hacer esta estructuración suele utilizarse el elemento `<div>` o división. Una división no puede insertarse dentro de una etiqueta de inferior nivel, como las de estructuración y caracterización del texto, pero sí puede insertarse dentro de otra división `<div>`. Con las hojas de estilo y los atributos genéricos `class` e `id` daremos formato a estas agrupaciones. En caso de los elementos `<div>`, estas hojas de estilo se usan incluso para definir la posición de los distintos elementos. Veamos un ejemplo.

Supongamos que queremos crear una web que tiene la estructura mostrada en la Figura 2.2. He utilizado colores para resaltar las distintas partes de la web: una cabecera, barra de navegación a la izquierda, contenido principal a su derecha y un pie de página.

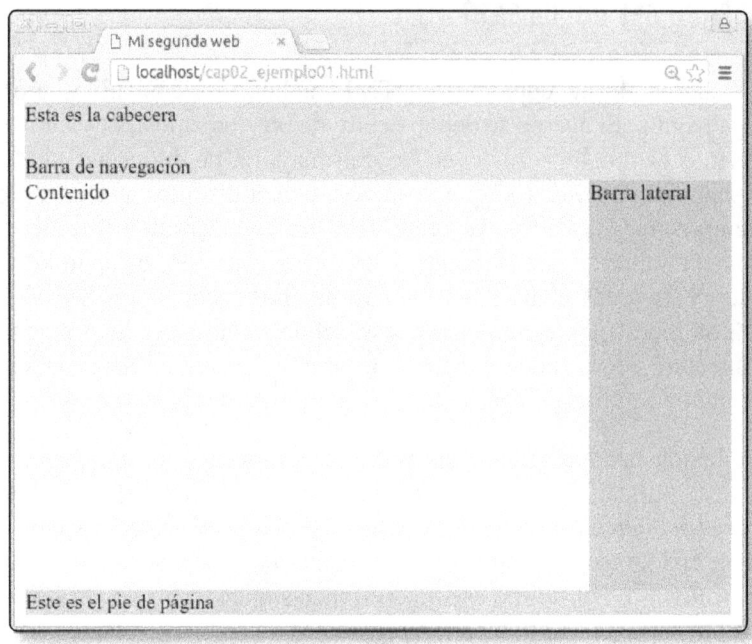

2.2. Ejemplo de estructura de una web

El código HTML sería el siguiente:

```
<html>
    <head>
        <title>Mi segunda web</title>
        <meta charset="utf-8"/>
        <link rel="stylesheet" type="text/css"
href="cap02_ejemplo01.css"/>
    </head>
    <body>
        <div id="cabecera">Esta es la cabecera</div>
        <div id="nav">Barra de navegación</div>
        <div id="principal">
            <div id="contenido">Contenido</div>
            <div id="aside">Barra lateral</div>
        </div>
        <div id="pie">Este es el pie de página</div>
    </body>
</html>
```

Como podemos comprobar, cada etiqueta <div> define un elemento de la estructura del texto y se pueden anidar. A cada una de estas divisiones le hemos asignado un identificador que luego utilizaremos en la hoja de estilo para definir su tamaño y color de fondo. La hoja de estilo sería la siguiente:

```css
#cabecera {
    height: 10%;
    background-color: lightblue;
}

#nav {
    height: 5%;
    background-color: lightgray;
}

#principal {
    display: flex;
    align-items: stretch;
}

#contenido {
    width: 80%;
    background-color: lemonchiffon;
    min-height: 80%;
}

#aside {
    width: 20%;
    background-color: lightsalmon;
    min-height: 80%;
}

#pie{
    background-color: lightgreen;
    height: 5%;
}
```

Por ahora no te preocupes por los detalles de este archivo. Podemos ver que a cada div le asignamos un alto y ancho en porcentaje al tamaño de la ventana. Además, establecemos unos cuantos colores de fondo.

En realidad, la estructura de una web es algo bastante estándar y las divisiones que acabamos de ver se repiten constantemente. Por ello, en la versión 5 de HTML se añaden una serie de *divisiones con significado* para poder indicar más fácilmente cómo estructuramos la web.

2.4.1.1 ELEMENTOS DE ESTRUCTURA SEMÁNTICA

Como decía, estos elementos son análogos a las divisiones, pero llevan implícito el significado relacionado con la estructura. En la Figura 2.3 podemos ver un ejemplo de cómo se utilizan estas etiquetas.

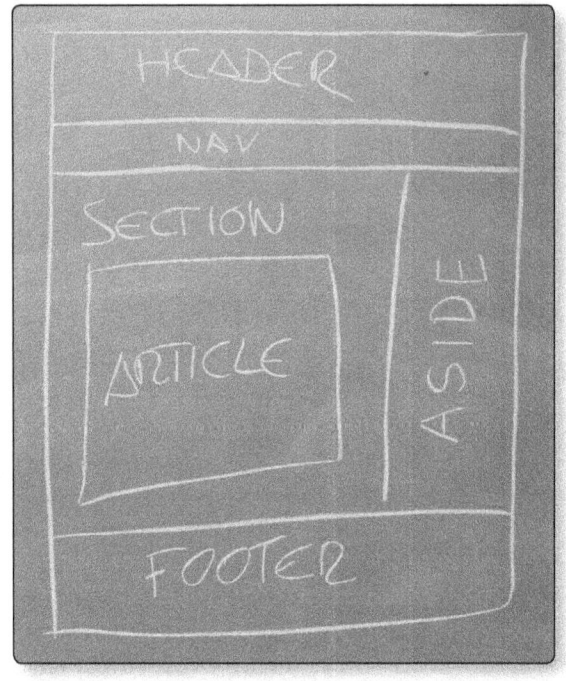

2.3. Organización de los elementos semánticos

El código anterior, que utilizaba divisiones para crear la estructura, quedaría de la siguiente manera:

```
<html>
    <head>
        <title>Mi segunda web</title>
        <meta charset="utf-8"/>
        <link rel="stylesheet" type="text/css" href="cap02_ejemplo02.css"/>
    </head>
    <body>
        <header>Esta es la cabecera</header>
        <nav>Barra de navegación</nav>
        <div id="principal">
```

```html
        <article>Contenido</article>
        <aside>Barra lateral</aside>
    </div>
    <footer>Este es el pie de página</footer>
    </body>
</html>
```

Y en la hoja de estilo asociada solo tendríamos que cambiar la identificación de los elementos. El resto de valores permanece igual (cap02_ejemplo02.css).

```css
header {
    height: 10%;
    background-color: lightblue;
}

nav {
    height: 5%;
    background-color: lightgray;
}

#principal {
    display: flex;
    align-items: stretch;
}

article {
    width: 80%;
    background-color: lemonchiffon;
    min-height: 80%;
}

aside {
    width: 20%;
    background-color: lightsalmon;
    min-height: 80%;
}

footer{
    background-color: lightgreen;
    height: 5%;
}
```

Copia este último ejemplo y visualízalo en el navegador. Lo utilizaremos como base para ir incluyendo los ejemplos de código que aparecen a lo largo de este capítulo.

Aunque no son las únicas, estas son las etiquetas de estructuración semántica más importantes:

- `<header>`: representa la cabecera de un documento o sección; deberían usarse para contener información introductoria. Puede haber más de uno en el documento.

- `<footer>`: representa el cierre de un documento o sección. Suele contener información sobre el autor, *copyright*, términos de uso, información de contacto, etc.

- `<nav>`: representa la sección que contiene los enlaces de navegación por el sitio web.

- `<section>`: define una sección del documento.

- `<article>`: representa un contenido independiente y autocontenido, que se podría distribuir de manera independiente del resto del documento (*posts* de un blog, noticias, comentarios, etc.).

- `<aside>`: define contenido que se encuentra fuera del lugar en el que está contenido (como una barra lateral), por lo que suele estar relacionado con el elemento que lo contiene.

- `<figure>` y `<figcaption>`: definen un elemento independiente, como una imagen, un fragmento de código, un diagrama, etc. cuyo contenido está relacionado con el elemento que lo contiene, pero cuya posición es independiente del mismo. `<figcaption>` es el título o la leyenda de este elemento y se suele poner como primer o último elemento del mismo.

- `<details>`: representa una serie de detalles adicionales que el usuario puede ocultar

Ahora que ya sabemos definir la estructura de nuestra web, el siguiente paso es aprender cómo estructurar el texto contenido en cada uno de los bloques.

2.4.2 Etiquetas de estructuración del texto

Las etiquetas de estructuración del texto sirven principalmente para definir los encabezados de las secciones y los párrafos. Entre las etiquetas de bloque destacamos las siguientes:

▼ **Elemento `<p>`**

Contiene el texto de un párrafo. El navegador no muestra los espacios en blanco ni los saltos de línea adicionales que escribamos dentro de un párrafo.

```
<p>Esto es un párrafo. Aunque escriba      varios espacios


y saltos de línea saldrá todo de manera compacta</p>
<p>Otro párrafo que estará separado del anterior</p>
<p>Y un tercero para terminar.</p>
```

▼ **Elementos `<h1>...<h6>`**

Definen encabezados de secciones (niveles 1 a 6). Aunque podremos configurar cómo se visualiza cada encabezado a través de CSS, normalmente se utiliza una fuente mayor cuanto más alto sea el nivel del encabezado (`<h1>` es el de mayor nivel). Estas etiquetas se utilizan para estructurar el documento en secciones, subsecciones, etc. Veamos un ejemplo:

```
<h1>Sección 1</h1>
<h2>Sección 1.1</h2>
<p>Texto normal.</p>
<h3>Sección 1.1.1</h3>
<p>Texto normal.</p>
```

▼ **Elemento `<pre>`**

Contiene un párrafo con texto preformateado, es decir, se tienen en cuenta espacios en blanco y líneas en blanco. Dentro de estos párrafos se usa un tipo de letra de ancho fijo, por lo que se suele utilizar para escribir texto como código fuente:

```
<p>En JavaScript podemos definir una función de la siguien-
te forma:</p>
<pre>
var nombre = function() {
  // Código de la función
};
</pre>
```

▼ **Citas**

El elemento `<blockquote>` se usa para incluir una cita larga, que puede contener varios párrafos u otras etiquetas. El texto dentro de esta etiqueta se suele mostrar con márgenes a izquierda y derecha, aunque lo más conveniente es definir el formato deseado en la hoja de estilo. Se puede indicar el origen de la cita con el atributo `cite`.

```
<blockquote cite="Sheldon Cooper">
<p>
    Leonard, por favor, no te lo tomes a mal, pero el día
    que ganes el premio Nobel será el día que comience mi
    investigación sobre el coeficiente de arrastre de las
    borlas en las alfombras voladoras.
</p>
</blockquote>
```

Para ir practicando, copia los ejemplos anteriores dentro del elemento `<article>` de nuestra web estructurada en bloques (listado cap02_ejemplo02.html).

2.4.3 Etiquetas de caracterización del texto

Son las que se utilizan para generalmente dentro de los párrafos. La mayoría de estas etiquetas servían para definir el formato del texto (como `<b>` [*bold*, negrita], `<i>` [*italic*, cursiva], etc.) pero actualmente no se utilizan, ya que todos los aspectos del formato en HTML5 se introducen mediante hojas de estilo CSS. Aun así, quedan unas pocas etiquetas que es conveniente conocer:

▼ `<br/>` añade un salto de línea sin cambiar de párrafo (es decir, sin dejar espacio entre medias).

▼ `<em>` indica que hay que enfatizar una porción de texto. La forma en que se visualiza ese énfasis dependerá de la hoja de estilo, aunque normalmente se utiliza una fuente en cursiva.

▼ `<strong>` representa un mayor énfasis que `<em>` (aparecerá generalmente en negrita).

▼ `<code>` sirve para incrustar código en medio de un párrafo, de manera similar a `<pre>`.

Veamos un ejemplo (cópialo también en la web que estamos haciendo como ejercicio).

```
<p>
    En el <strong>lenguaje C</strong>, el punto de entrada de
    ejecución es la función <code>int main()</code>.
    <br>
    Esta función puede tener <em>parámetros</em>.
</p>
```

2.5 OTROS ELEMENTOS ADICIONALES

Además de los vistos hasta ahora, hay otros elementos interesantes que debemos conocer: listas, imágenes, enlaces, elementos multimedia y tablas. De nuevo, ve incluyendo los fragmentos de código en nuestra web de ejemplo y visualiza el resultado.

2.5.1 Listas

En HTML5 se definen tres tipos de listas:

- **Listas numeradas**: se delimitan con las etiquetas `<ol> ... </ol>` y sirven para crear listas con números.

- **Listas con viñetas**: se delimitan con las etiquetas `<ul> ... </ul>`) y sirven para crear listas que utilizan símbolos o viñetas.

- **Listas de definiciones**: se delimitan con las etiquetas `<dl> ... </dl>` y sirven para crear definiciones de términos.

En el próximo capítulo veremos cómo personalizar las numeraciones o viñetas gracias a las hojas de estilo.

Para delimitar cada uno de los elementos de las dos primeras listas se usan las etiquetas `<li> ... </li>`. En cambio, las definiciones usan dos tipos de etiquetas distintas:

```
<dt> … </dt> delimitan los términos.
<dd> … </dd> delimitan las definiciones.
```

A modo de ejemplo, probemos las siguientes listas:

```html
<p>Los contenidos de este libro son:</p>
<ol>
    <li>Introducción al Desarrollo Web</li>
    <li>HTML5</li>
    <li>CSS3</li>
    <li>...</li>
</ol>

<p>Las tecnologías más utilizadas en el front-end son:</p>
<ul>
    <li>HTML5</li>
    <li>CSS</li>
    <li>JavaScript</li>
    <li>JQuery</li>
</ul>

<p>Las partes de un documento html son:</p>
<dl>
    <dt>Cabecera</dt>
    <dd>Incluye información sobre el documento.</dd>
    <dt>Cuerpo</dt>
    <dd>Incluye el contenido del documento</dd>
</dl>
```

Las listas se pueden anidar unas dentro de otras:

```html
<ol>
  <li>Primer elemento </li>
  <li>Segundo elemento </li>
  <ul>
    <li>Elemento de lista desordenada anidada</li>
  </ul>
  <li>Definiciones: </li>
  <dl>
    <dt>Término</dt>
    <dd>Definición del término 1</dd>
  </dl>
</ol>
```

2.5.2 Imágenes

En una página web podemos insertar imágenes en formato **fotográfico**, también conocido como *mapa de bits*. Existen distintos tipos de formatos para guardar las imágenes, aparte del archiconocido `jpg`. El problema de este formato es que perderemos calidad dependiendo del nivel de compresión utilizado para que el fichero ocupe menos. Por eso existen otros formatos que quizás sean más convenientes:

- `.png` : es un formato de compresión sin pérdida que además soporta transparencias. Eso quiere decir que no perderemos calidad al comprimirlo (aunque ocupará más que un `jpg`) y que podemos representar iconos o imágenes con zonas trasparentes. Es muy buena alternativa para cualquier tipo de imagen que no sea una fotografía. Para eso utilizaremos `jpg`.

- `.jpg`: como ya he comentado, es un formato de compresión con pérdida que no soporta transparencias. Se usa normalmente para fotografías.

- `.gif`: es un formato gráfico sin pérdida, pero limitado a 256 colores. Por ello ocupa muy poco y es idóneo para imágenes básicas, como los iconos. Además soporta transparencias y animaciones.

Al igual que ocurría con el editor de HTML, tienes varias opciones de software disponibles para manipular las imágenes de tu sitio web. Dejando de lado las típicas herramientas comerciales, como *Photoshop*, puedes utilizar el editor GIMP, que es muy similar y de código libre. Además, para convertir entre diferentes formatos puedes utilizar *ImageMagick* (*http://www.imagemagick.org/script/index.php*).

Una vez que ya tenemos la imagen editada, la insertamos en nuestro HTML a través del elemento `img`. Esta etiqueta tiene un atributo `src` donde indicamos la ruta a la imagen. Normalmente es una ruta relativa al directorio donde se encuentra el archivo HTML, pero también puede ser una URL de una en otra página web.

Supongamos que en el directorio donde estamos sirviendo los archivos con Apache creamos una carpeta llamada `img` donde guardaremos todas las imágenes. En ese caso, el enlace sería `<img src="img/imagen.png"/>`. La otra opción es enlazar directamente con una imagen que esté en otro servidor, por ejemplo:

```
<img src="http://www.ra-ma.es/css/images/logo.png"
     alt="Logo de RA-MA"/>
```

En este caso hemos añadido el atributo `alt`, que contiene una descripción textual que se usa para los navegadores utilizados personas con deficiencias visuales que no pueden ver correctamente la imagen. En estos casos, el navegador "lee" el contenido del HTML y utiliza esta etiqueta alternativa para describir la imagen.

Como ejercicio vamos a incluir una imagen en la barra lateral de nuestro ejemplo. Crea con tu editor favorito una imagen de unos 200 px de ancho y 500 de alto (o busca una cualquiera en Google). Añádela dentro del elemento <aside> de nuestra página de ejemplo:

```
<aside><img src="lateral.png" alt="imagen lateral"/></aside>
```

Y modifica un poco la CSS, tal y como se muestra a continuación, para que se vea correctamente (ya explicaré los detalles en el próximo capítulo). El resultado debería ser similar al que aparece en la Figura 2.4.

```
article {
  width: 100%;
  background-color: lemonchiffon;
  min-height: 80%;
}

aside {
  display: flex;
  justify-content: center;
}
```

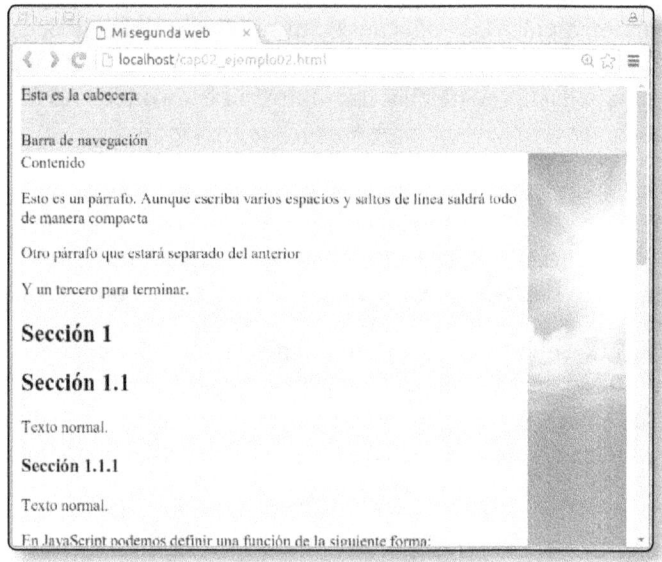

2.4. Resultado de añadir una imagen a la barra lateral

Ahora que hemos añadido una imagen a la barra lateral, vamos a por la barra de navegación. Nos servirá como pretexto para practicar con los enlaces.

2.5.3 Enlaces

Como ya vimos en el capítulo anterior, la principal característica de la Web es que se basa en el *hipertexto*. Es decir, documentos enlazados unos con otros que nos permiten explorar de manera no secuencial. Estos enlaces, también conocidos como *hipervínculos* o *hiperenlaces*, nos van a permitir movernos a otros documentos externos o a distintas partes de un documento.

Para añadir un enlace usamos la etiqueta `<a>` (*anchor*, ancla):

```
<a href="destino">Título del enlace</a>
```

Donde el campo `destino` puede ser:

- Una dirección absoluta: `http://www.ra-ma.es`
- Una dirección relativa: `foros/general.php`
- Un correo electrónico: `mailto:jareciog@fdi.ucm.es`

Un enlace puede representarse como una imagen. Para ello incluiremos el elemento `<img>` dentro de la etiqueta `<a>...</a>`:

```
<a href="http://www.ra-ma.es/">
    <img src="http://www.ra-ma.es/css/images/logo.png"
         alt="Logo de RA-MA"/>
</a>
```

En los ejemplos anteriores, el destino del enlace siempre era el comienzo del documento. Pero también podemos usar enlaces para saltar a distintos puntos de una página web, tanto la actual como cualquier otra página externa. Para eso lo primero es definir los marcadores de destino, es decir, los puntos exactos del documento que serán el destino del enlace. En este caso utilizamos la etiqueta `<a>` pero sin contenido ni atributo `href`. En su lugar emplearemos el atributo `name` donde especificamos una etiqueta que identifica el marcador de destino:

```
<a name="marcador"/>
```

Para definir un enlace a esos marcadores destino, indicamos su nombre precedido por el símbolo #:

```
<a href="#marcador">Ir al marcador de esta misma página</a>
<a href="pagina.html#marcador">Ir al marcador del documento
pagina.html</a>
```

Para practicar los enlaces vamos a incluir uno en la barra de navegación de nuestra página. Si has ido copiando los distintos fragmentos de código de este capítulo, la parte central (elemento `article`) será bastante larga y al final del todo estarán los ejemplos sobre listas y descripciones. Lo que haremos será añadir un marcador de destino en el código con descripciones, y luego un enlace a este desde la barra de navegación. Para permitir volver fácilmente al principio de la página añadiremos otro marcador en la cabecera y un enlace a este punto en el pie de página. El código quedaría así:

```
...
    <header><a name="arriba"/>Esta es la cabecera</header>
    <nav><a href="#definiciones">Ir a definiciones</a></nav>
    <div id="principal">
      <article>

    ...

    <p>Las partes de un documento html son:</p>
    <a name="definiciones"/>
    <dl>
        <dt>Cabecera</dt>
        <dd>Incluye información sobre el documento.</dd>
        <dt>Cuerpo</dt>
        <dd>Incluye el contenido del documento</dd>
    </dl>

    ...

      </article>
      <aside><img src="lateral.png" alt="imagen lateral"/>
</aside>
    </div>
    <footer><a href="#arriba">Volver arriba</a></footer>
...
```

Las Figuras 2.5 y 2.6 muestran el resultado de añadir el enlace tanto a la cabecera como al pie de la página.

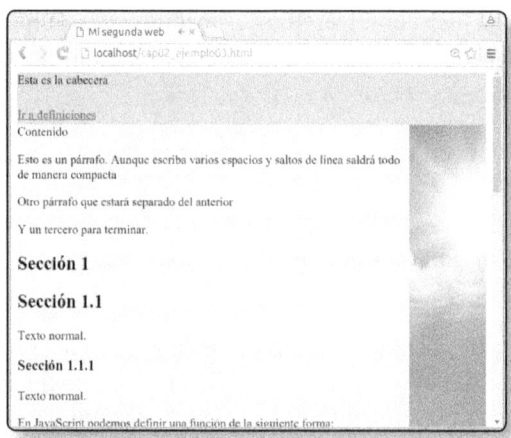

2.5. Resultado de añadir un enlace a la barra de navegación

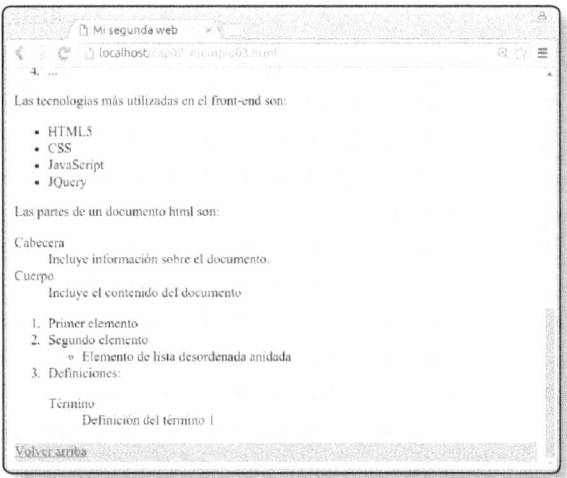

2.6. Resultado de añadir un enlace en el pie de página

2.5.4 Archivos multimedia

HTML5 incluye en el propio lenguaje dos elementos que sirven para añadir audio y vídeo a nuestras páginas web:

- `<video>`: incrusta un vídeo en la página.
- `<audio>`: incrusta un elemento de audio.

Estos elementos eran muy demandados por los desarrolladores web para poder reproducir elementos multimedia sin necesidad de instalar ningún *plugin* del navegador. Afortunadamente, sus demandas fueron tenidas en cuenta y el estándar HTML5 ofrece estos dos elementos multimedia. De hecho, es posible incluso acceder a la cámara del PC o dispositivo móvil para grabar vídeos o tomar fotografías solo con HTML5 y un poquito de JavaScript. Esto abre la puerta a infinidad de aplicaciones, como la videoconferencia, el reconocimiento de imágenes, etc.

En ambos elementos podemos incluir un único archivo (usando el atributo `src`) o múltiples fuentes (utilizando elementos `<source>`). Este último elemento se utiliza debido a las incompatibilidades entre los formatos admitidos por cada navegador, ya que, debido a motivos de licencias, no todos los navegadores son compatibles con los mismos formatos. En general, los formatos de audio más compatibles son OGG, MP3 y WAV. Mientras que para vídeo la opción más recomendable es el *codec* H.264+AAC, que, se supone, será el nuevo estándar para la Web.

Como consecuencia de las incompatibilidades, hay que utilizar la etiqueta `<source>` enlazando varias veces el mismo archivo, pero con distinto formato. De esta forma nos aseguramos de que se pueda reproducir en cualquier plataforma:

```
<audio controls>
  <source src="horse.ogg" type="audio/ogg">
  <source src="horse.mp3" type="audio/mpeg">
Tu navegador no soporta el formato de audio utilizado en esta
web
</audio>
```

Dentro del elemento `<video>` o `<audio>` se suele incluir un texto que aparecerá en caso de no poder reproducir ninguna de las fuentes. Además de estos atributos hay tres atributos bastante interesantes:

- `autoplay`: se comienza a ejecutar en el mismo momento en el que se carga la página.
- `controls`: permite añadir controles de reproducción.
- `loop`: reproduce una y otra vez el mismo audio o vídeo.

Como ejemplo, busca cualquier vídeo en formato `ogv` y cópialo en el directorio de la web de ejemplo. A continuación añade el siguiente código dentro del contenido principal. Puedes ver el resultado en la Figura 2.7.

```
<video src="video.ogv" controls autoplay>
  Tu navegador no implementa el elemento <code>video</code>.
</video>
```

Prueba el ejemplo por ti mismo, descargando de la web algún vídeo de ejemplo.

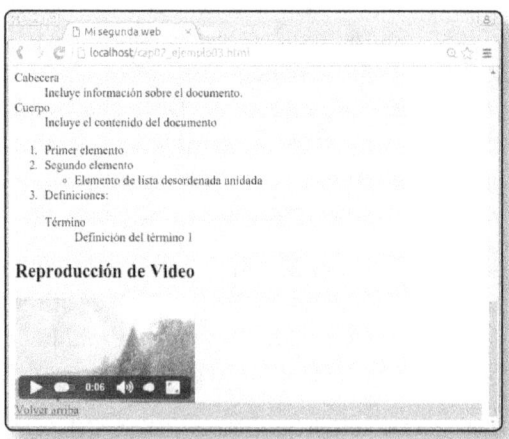

2.7. Resultado de añadir un vídeo

2.5.5 Tablas

Las tablas permiten presentar información tabular, en filas y columnas, con cabeceras. Cada elemento de la tabla puede ser simple, o, a su vez, ser otra agrupación de filas y de columnas, cabeceras y pies de tabla, subdivisiones, cabeceras múltiples y otros elementos complejos.

Como las tablas permiten un control muy detallado, a veces se usan para organizar la estructura general de una página web. Sin embargo, esto es algo que no se recomienda en absoluto. Para estructurar las páginas debemos utilizar etiquetas div.

Una tabla se define mediante el elemento `<table>`. Dentro del elemento `<table>` se definen las filas con `<tr>` (*table row*). Además, para cada fila, se define cada celda de la tabla con los elementos `<td>` (*table data*). Dentro de este elemento se puede poner cualquier otro elemento HTML (incluida otra tabla, aunque no se recomienda).

Veamos un ejemplo:

```
<table>
<tr>
  <td><strong>Curso</strong></td>
  <td><strong>Horas</strong></td>
  <td><strong>Horario</strong></td>
</tr>

<tr>
  <td>CSS</td>
  <td>20</td>
  <td>16:00 - 20:00</td>
</tr>

<tr>
  <td>HTML</td>
  <td>20</td>
  <td>16:00 - 20:00</td>
</tr>

<tr>
  <td>JavaScript</td>
  <td>60</td>
  <td>16:00 - 20:00</td>
</tr>
</table>
```

Normalmente necesitaremos combinar celdas (práctica llamada en inglés *spanning*) para hacer que varias celdas de una tabla se unan para formar una sola. Para agrupar o combinar varias celdas de una fila se usa el atributo `colspan`, indicando el número de celdas que se combinarán.

```
<table>
   <tr>
     <td colspan="3">Tecnologías del Front-End</td>
   </tr>
   <tr>
     <td>HTML5</td>
     <td>CSS</td>
     <td>JavaScript</td>
   </tr>
</table>
```

Sin embargo, para agrupar columnas utilizamos el atributo `rowspan`, indicando también en su valor el número de celdas que queremos combinar.

```
<table>
   <tr>
     <td rowspan="3">Tecnologías del Front-End</td>
     <td>HTML5</td>
   </tr>
   <tr>
     <td>CSS</td>
   </tr>
   <tr>
     <td>JavaScript</td>
   </tr>
</table>
```

2.5.5.1 OTROS ELEMENTOS DE LAS TABLAS

Las tablas pueden tener un título o leyenda de la tabla, definido mediante el elemento `<caption>`. Es un texto opcional que se muestra fuera de la tabla (por defecto, arriba). Se suele poner justo después de `<table>`. También hay un tipo especial de fila que se crea con el elemento `<thead>` y que representa la fila que hace de cabecera de la tabla. En este caso, las celdas se definen con el elemento `<th>` (*table header*). En este caso también es necesario utilizar el elemento `<tbody>` para separar la cabecera del cuerpo de la tabla. Utilizar estos elementos nos permitirá dar un formato específico a la cabecera más fácilmente.

Por último, también se pueden acabar la tabla con un pie de tabla, definido con el elemento `<tfoot>`. Curiosamente, este elemento tiene que definirse *antes* del elemento `<tbody>`.

```
<table>
  <thead>
  <tr>
     <th>Curso</th>
     <th>Horas</th>
  </tr>
  </thead>
  <tfoot>
  <tr>
     <td>Total</td>
     <td>180 horas</td>
  </tr>
  </tfoot>
  <tbody>
  <tr>
     <td>HTML5</td>
     <td>100 horas</td>
  </tr>
  <tr>
     <td>CSS</td>
     <td>80 horas</td>
  </tr>
  </tbody>
</table>
```

Una vez estudiados los elementos más importantes de HTML pasaremos a otro conjunto de etiquetas importantísimo en cualquier web: aquellas que sirven para crear formularios.

2.6 FORMULARIOS

Los formularios son una parte fundamental de cualquier web, pues permiten enviar datos del usuario al servidor. El ejemplo más común es el de la página de registro o *login*.

Un formulario se construye utilizando el elemento `<form>`. Dentro de él estarán los controles que componen el formulario y de los que extraeremos la información que se enviará al servidor. A la hora de definir un formulario debemos indicar a qué URL se envían los datos y qué método de HTTP queremos utilizar. Para ello se emplean los siguientes atributos:

- `action="URL"`: contiene la URL de la aplicación del servidor que procesará los datos remitidos (por ejemplo, un *script* de PHP). Más adelante veremos que en lugar de una URL podremos incluir otras acciones, como, por ejemplo, código en JavaScript.

- `method`: método HTTP para enviar los datos al servidor. Ya hemos estudiado los dos métodos principales:

  - **GET**: envía la información al servidor como parámetros en la URL indicada con el atributo `action`. Los datos enviados se pueden leer en la barra del navegador y la información enviada está limitado a 500 bytes.

  - **POST**: envía la información del formulario en la misma petición HTTP, por lo que puede enviar mayor cantidad de información. Permite enviar ficheros adjuntos y los datos enviados no se ven en la barra del navegador.

Veamos un ejemplo y recordemos el código PHP que vimos en el capítulo anterior y que repetía un saludo tantas veces como se indicase en la URL. Podríamos utilizar el siguiente formulario para hacer la petición:

```
<form action="http://www.miserver.es/repite.php"
method="get">
  Repeticiones: <input name="veces"/>
  <input type="submit"/>
</form>
```

Prueba este ejemplo en el navegador. Crea un nuevo documento HTML vacío y copia el código dentro del elemento `body`. El código es bastante sencillo: primero tenemos un cuadro de texto para indicar el número de repeticiones y luego el botón **Enviar**. Como estudiaremos enseguida, ambos elementos se crean con el elemento `input`. El resultado se muestra en la Figura 2.8.

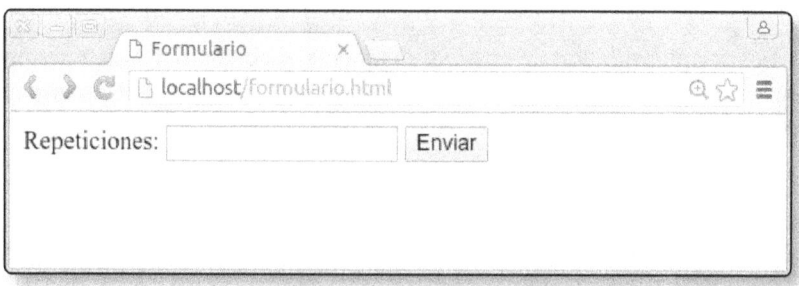

2.8. Ejemplo de formulario básico

Prueba a escribir un valor *3* en el cuadro de texto y pulsa el botón **Enviar**. El navegador dará un error porque esa URL no existe, pero podrás comprobar cómo se ha generado la URL `http://www.miserver.es/repite.PHP?veces=3`. Para ello se ha concatenado la URL indicada en el atributo `action` con el parámetro `veces` indicado en el cuadro de texto `<input name="veces"/>` y cuyo valor es el texto introducido. Si hubiese más campos en el formulario, se añadirían los parámetros correspondientes en la URL concatenados con el símbolo `&`.

Para aprovechar el ejemplo, veamos qué ocurre si utilizamos el método *POST*. Cambia el atributo `method` del formulario a ese valor y activa la herramienta de monitorización de Red (Network) de Chrome. Cuando envíes el formulario podrás comprobar que no aparece nada en la URL. Sin embargo, al explorar los detalles de la petición HTTP, Chrome te mostrará los datos del formulario enviados con ella. Puedes ver un ejemplo en la Figura 2.9.

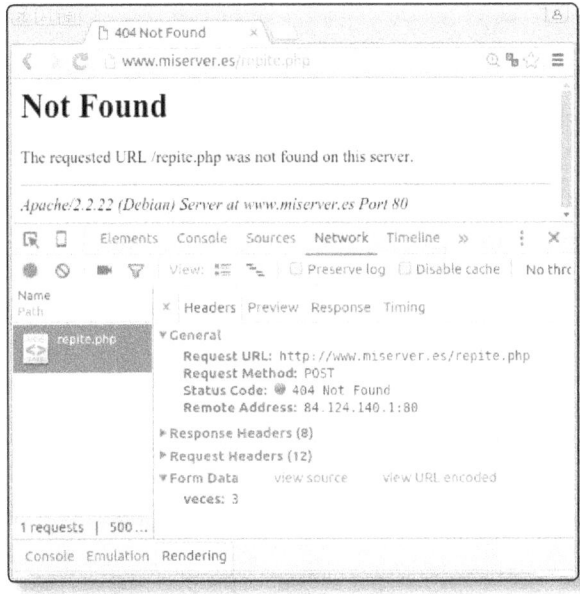

2.9. Envío de formulario con el método POST

Prueba a crear el archivo `repite.php` que vimos en el capítulo anterior y cambiar la URL del formulario para que apunte a `http://localhost/repite.php`. De esta forma el ejemplo te funcionará completamente.

Existen varios elementos propios de los formularios, como los cuadros de texto, las listas de selección, las casillas de verificación, los botones de envío, etc. que cuentan con etiquetas HTML específicas. A continuación estudiaremos los más relevantes.

2.6.1 Etiquetas descriptivas

Cada elemento de un formulario lleva siempre asociado un texto identificativo. Este texto debe indicarse con la etiqueta `label`. Esta etiqueta debe ir ligada al control del formulario que identifica, para que las hojas de estilo y las librerías JavaScript funcionen correctamente. Para poder hacer esta asociación existen dos opciones. La primera es colocar el control del formulario dentro de la etiqueta; la segunda es utilizar el atributo `for`, cuyo valor debe ser el identificador del control:

```
<label>Repeticiones: <input name="veces"/></label>
<label for="id_rep"/>Repeticiones</label> <input name="veces" id="id_rep"/>
```

En los siguientes ejemplos omitiremos el atributo `for` para simplificar el código, pero siempre debe ser añadido junto con el atributo `id` del control del formulario. Ahora veamos cuáles son los controles que podemos utilizar en los formularios.

2.6.2 Elemento <input>

Este elemento sirve para crear la gran mayoría de los controles que pueden aparecer en un formulario. Dependiendo de la configuración de sus atributos nos permitirá obtener una gran variedad de datos del usuario, crear botones, crear casillas de selección, e incluso adjuntar archivos. Muchos de estos controles son nuevos del estándar HTML5 y permiten que el usuario indique fechas, colores, etc. a través de cuadros de diálogo específicos (por ejemplo, para obtener la fecha se muestra normalmente un calendario). Aunque el estándar HTML5 indique para qué sirve cada control, los navegadores pueden implementarlos libremente. Por ello la apariencia de estos controles variará de un navegador a otro, e incluso podemos encontrar el caso de que un navegador todavía no implemente alguno de ellos (sobre todo en versiones no muy actuales).

Como ya vimos en el ejemplo anterior, uno de los atributos imprescindibles del elemento `input` es `name`, que indica el nombre del parámetro que se enviará junto con la petición HTTP. Volviendo al ejemplo, si utilizamos `<input name="veces"/>` entonces el parámetro que se enviaría sería: `http://www.miserver.es/repite.php?veces=3`. También podemos utilizar el atributo `value` para indicar un valor inicial:

```
<form action="http://www.miserver.es/repite.php" method="get">
  <label>Repeticiones</label> <input name="veces" value="3"/>
  <input type="submit"/>
</form>
```

Junto con el atributo `name`, el atributo que nos ofrece toda la funcionalidad del control `<input>` es el que nos permite indicar su tipo. Dependiendo del valor del atributo `type` podremos crear controles para obtener distintos tipos de datos. Vamos a estudiarlos uno a uno. Para ello puedes partir del siguiente código HTML donde hemos añadido una pequeña hoja de estilo para que el formulario se muestre bien en pantalla:

```html
<html>
  <head>
    <title>Formulario</title>
    <meta charset="utf-8"/>
    <style type="text/css">
       form,fieldset{display: flex; flex-flow: row wrap; width: 480px;}
       label{width: 200px;}
       input{width: 250px;margin-bottom: 7px;}
    </style>
  </head>
  <body>
  <form action="http://www.miserver.es/repite.php" method="get">

     <!-- añadir aquí los controles que veremos a continuación -->

  </form>
  </body>
</html>
```

2.6.2.1 CUADROS DE TEXTO

Para crear un cuadro de texto tenemos que utilizar el atributo `type = "text"`. El atributo `value` sirve para definir el valor por defecto, mientras que `name` indica el nombre del parámetro que se va a enviar al servidor.

```html
<label>Texto:</label>
<input type="text" name="paramTexto" value="texto"/>
```

2.6.2.2 CONTRASEÑAS

Si en lugar de usar el tipo `text` usamos el tipo `password`, entonces tendremos un cuadro de texto en el que el valor introducido se camufla.

```html
<label>Contraseña:</label>
<input type="password" name="paramPasswd"/>
```

Cuidado, que no se vea en el texto al escribirlo no significa que no se vea en la URL si usamos un método GET. Haz la prueba y lo verás.

2.6.2.3 OTROS CAMPOS DE TEXTO

Además del campo de texto estándar existen otros campos de texto más específicos: email, URL, teléfono y búsqueda. En el caso de los dos primeros, los tipos que se han de utilizar son `email` y `url` respectivamente, y el navegador mostrará un error si el texto introducido no se ajusta al patrón típico de ambos valores. Por ejemplo, para el correo deberá contener una única arroba dentro del texto.

Sin embargo, para los campos de teléfono (`tel`) y búsqueda (`search`) no se comprueba ninguna restricción y funcionan exactamente igual que el campo `text`. Su uso es meramente estético y el navegador suele añadir algún icono para indicar al usuario el tipo del campo.

A continuación podemos ver ejemplos de estos campos de texto:

```
<label>Email:</label> <input type="email"/>
<label>URL:</label> <input type="url"/>
<label>Teléfono:</label> <input type="tel"/>
<label>Búsqueda:</label> <input type="search"/>
```

También resulta muy interesante el tipo `"date"` para obtener fechas.

2.6.2.4 CASILLAS DE VERIFICACIÓN

Para crear un conjunto de casillas de verificación de selección múltiple (*checkbox*), usamos el elemento `<input type="chekbox">`. En este caso, el atributo `checked` nos servirá para activar la selección.

```
<label>Casilla de verificación:</label>
<input type="checkbox" name="paramVerif1"/>

<label>Casilla de verificación activa:</label>
<input type="checkbox" name="paramVerif2" checked/>
```

2.6.2.5 CASILLAS DE OPCIÓN

También podemos crear un conjunto de casillas de opción para elegir entre selecciones exclusivas. Para ello utilizaremos el elemento `<input type="radio">`. En este caso, el valor coincide con el título que aparece junto al botón y hay que usar el mismo `name` para formar el grupo de selección exclusiva.

```
<label>Opción excluyente:</label>
<input type="radio" name="opcion"/>

<label>Opción excluyente activa:</label>
<input type="radio" name="opcion" checked/>
```

2.6.2.6 BOTONES

Podemos incluir distintos botones en un formulario. Normalmente se añaden los botones de envío y reinicio del formulario, pero también podemos añadir botones representados con una imagen o botones genéricos cuya pulsación luego manejaremos con JavaScript. En este tipo de elementos no tiene mucho sentido incluir el atributo `name`. Por otro lado, nos serviremos del atributo `value` para indicar el texto del botón.

Para enviar el formulario emplearemos un elemento `<input type="submit">`. El navegador se encarga de enviar automáticamente los datos cuando el usuario pincha el botón de acuerdo con el método definido en el formulario (GET o POST).

El otro botón que suele añadirse es el de borrar el formulario. Para ello utilizamos el elemento `<input type="reset">`. Al pulsarlo, el navegador borra toda la información introducida y muestra el formulario en su estado original.

También tenemos botones genéricos: `<input type="button"/>`; y botones representados con una imagen: `<input type="image" src="enviar.png"/>`. En este último caso utilizamos el atributo `src` para indicar la localización de la imagen que vamos a utilizar.

Veamos varios ejemplos que se muestran junto con los controles que hemos visto hasta ahora en la Figura 2.10:

```
<label>Botón Enviar:</label>
<input type="submit" value="Enviar"/>

<label>Botón Enviar con imagen:</label>
<input type="image" src="enviar.png"/>

<label>Botón Reiniciar</label>
<input type="reset" value="Reiniciar"/>

<label>Botón</label>
<input type="button" value="Un botón"/>
```

2.10. Formulario con texto, opciones y botones

2.6.2.7 NÚMEROS Y RANGOS

Otro de los posibles valores del atributo `type` es `number`, que fuerza al usuario a introducir un número. De esta forma evitamos posibles errores en nuestra aplicación si el servidor espera que el valor enviado sea un valor numérico en lugar de cualquier tipo de texto. En este caso podemos utilizar los atributos `min`, `max` y `step` para establecer el valor mínimo, máximo y el incremento permitido. Por ejemplo, para obligar a introducir un número par entre 0 y 10, definiendo 0 como valor por defecto, utilizaríamos:

```
<label>Número:</label>
<input type="number" min="0" max="10" step="2" value="0"/>
```

Si lo único que nos interesa es que el usuario indique una cantidad aproximada, entonces podemos utilizar el tipo `range`. En este caso se mostrará una barra de desplazamiento, pero que no indica el valor numérico concreto. Gracias a los atributos `min`, `max` y `step` nosotros estableceremos el rango y el incremento. El usuario podrá mover la barra para indicar una cantidad, que, en realidad, se traduce en el valor numérico que nosotros hayamos configurado, pero el usuario no es consciente de ello. Veamos un ejemplo: imaginemos que queremos saber la opinión de un usuario sobre un producto. Para eso queremos cinco valores desde "no me gusta en absoluto" hasta "me gusta mucho". Al usuario le da igual que esos valores se traduzcan en un valor numérico de 1 a 5, de 1 a 10, etc.. Simplemente debe poder elegir entre un rango de cinco elementos. En este caso, el código sería:

```
<label>Rango:</label>
<input type="range" min="1" max="5" step="1" value="3"/>
```

Prueba el ejemplo por ti mismo. Puedes ver el resultado en la Figura 2.11.

2.6.2.8 COLORES

Otra novedad de HTML5 es permitir seleccionar colores. Para ello utilizamos el tipo `color`. Además podemos indicar el color por defecto asignando al atributo `value` un color en formato hexadecimal (por ejemplo: #FF0000 es el color rojo). Hablaremos de las notaciones para indicar los colores en el próximo capítulo. Puedes ver el resultado en la Figura 2.11.

```
<label>Color:</label> <input type="color" value="#FF0000"/>
```

2.11. Formulario con campos para valores numéricos y color

2.6.2.9 ADJUNTAR ARCHIVOS

En este caso, el tipo del elemento ha de ser `<input type="file">` Este elemento genera un botón que permite abrir un explorador de archivos en el cliente con el que seleccionar el archivo que se quiere adjuntar. Podemos incluso indicar el tipo de archivo a seleccionar mediante su código MIME.

Obviamente, solo podremos enviar un archivo al servidor si el método de envío del formulario es POST. Además, debemos incluir el atributo `enctype="multipart/form-data"` en el formulario para que se envíe correctamente.

```
<form name="fichero" action="procesa_fichero.php"
    method="post" enctype="multipart/form-data">
<label>Ajuntar Imagen:</label>
<input type="file" name="imagen" accept="image/jpeg, image/png"/>

<input type="submit" value="Enviar">
</form>
```

Tienes el resultado en la Figura 2.12.

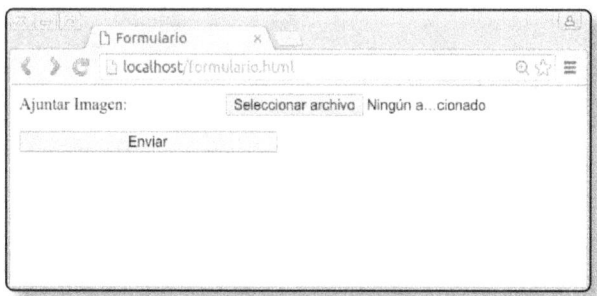

2.12. Formulario para el envío de archivos

2.6.2.10 ATRIBUTOS ADICIONALES

El elemento `input` incluye, además, varios atributos adicionales muy interesantes. Estos atributos podremos utilizarlos dependiendo del tipo de control; ya hemos visto algunos de ellos. Por ejemplo, el atributo `checked` solo se puede utilizar en las casillas de selección y opción; o el atributo `accept`, que es específico del tipo `file`. Veamos cuáles son estos atributos adicionales.

El atributo `autocomplete` sirve para indicar al navegador si debe autocompletar ese campo con datos introducidos anteriormente por el usuario. Esto lo habrás visto cuando accedes de nuevo a un formulario y ya tiene varios campos rellenos automáticamente. Este atributo podemos utilizarlo en todos los controles menos en las casillas de selección y opción, y en los botones.

El atributo `list` sirve para indicar una lista de valores por defecto que se mostrarán al usuario como posible entrada del campo. Su compatibilidad es igual que la de `autocomplete` y se utiliza indicando el identificador de un elemento HTML `<datalist>` donde enumeramos todas las opciones posibles.

Veamos un ejemplo de campo de texto con varias opciones:

```
<label>Lista:</label><input type="text" name="paramLista"
list="opciones">
<datalist id="opciones">
  <option value="opcion1">
  <option value="opcion2">
  <option value="opcion3">
</datalist>
```

El elemento HTML `<datalist>` no tiene visualización asociada y solo sirve para indicar los valores. Además, dentro de cada opción podemos añadir una etiqueta con el atributo `label` que se visualizará en lugar del valor de la opción. Veamos un ejemplo, pero esta vez con tipo `url`. Tienes el resultado de visualizar ambas listas en la Figura 2.13:

```
<label>Lista con etiquetas:</label>
<input type="url" name="paramURLs" list="urls">
<datalist id="urls">
  <option label="Buscador Google" value="http://www.google.es">
  <option label="Buscador Bing" value="http://www.bing.es">
  <option label="Buscador Yahoo" value="http://www.yahoo.es">
</datalist>
```

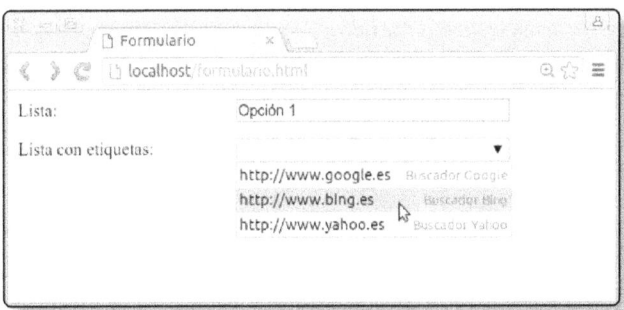

2.13. Formulario con listas

En los campos de texto (`text`, `password`, `tel`, `email`, etc.) podemos utilizar el atributo `maxlenght` para indicar la longitud máxima del texto introducido. También es muy útil utilizar el atributo `placeholder` para añadir un texto dentro del campo que dé idea al usuario del tipo de dato solicitado (véase la Figura 2.14). En este caso, no suele añadirse la etiqueta `<label>`.

```
<input type="text" placeholder="Login"/>
<input type="password" placeholder="Contraseña"/>

<input type="submit" value="Enviar"/>
```

2.14. Campos de formulario con atributo placeholder

Además, otro atributo muy novedoso y potente es `pattern`, que permite indicar una expresión regular para validar el texto. Las expresiones regulares, aunque parezcan complejas inicialmente, son muy útiles y te recomiendo que aprendas a utilizarlas porque las encontrarás en muchas aplicaciones. Por ejemplo, sirven para hacer búsquedas complejas en los editores de texto. Veamos un caso de uso muy común: validar una dirección de correo de un formulario. Esto nos permite evitar errores a la hora de procesar el formulario en el *back-end*. Una dirección de correo está siempre formada por una o varias letras, o números, seguidas del carácter "@". A continuación vienen de nuevo una o varias letras, un punto (.) y, finalmente, dos o tres letras que indican el sufijo de Internet (.com, .es, etc.). La expresión regular que lo validaría es (no te asustes): `[a-z0-9]+@[a-z0-9]+\.[a-z]{2,3}$`. Al final no es tan complicado: *una o varias letras o números* sería la parte `[a-z0-9]`; la arroba: `+@`; el punto: `+\.`; y *dos o tres letras*: `[a-z]{2,3}`. Veamos cómo lo incluiríamos en nuestro campo `email`:

```
<input type="email" pattern="[a-z0-9]+@[a-z0-9]+\.[a-z]{2,3}$"/>
```

Otro ejemplo es el campo contraseña. En el siguiente ejemplo forzamos a que al menos haya un número, una letra en minúscula, otra en mayúscula y que al menos tenga ocho caracteres en total:

```
<input type="password" name="paramPasswd" pattern="(?=.*\d)(?=.*[a-z])(?=.*[A-Z]).{8,}"/>
```

Puedes ver el resultado en la Figura 2.15. Puedes aprender a escribir expresiones regulares con cualquiera de los muchos manuales que hay en la Web. O, en su lugar, siempre puedes buscar en foros lo que necesitas y seguro que encontrarás algún ejemplo que te sirva.

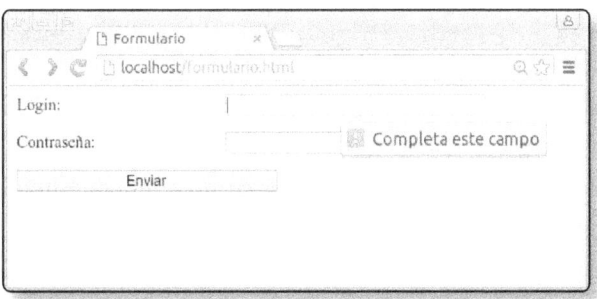

2.15. Uso de patrones para validar formularios

El atributo `multiple` se utiliza con los tipos `email` y `file` para permitir introducir más de una dirección de correo o más de un archivo.

```
<label>Email:</label> <input type="email" name="paramEmail"
multiple/>
```

Casi terminando ya, el atributo `readonly` se utiliza para que el campo no pueda ser modificado y para establecer un valor predefinido (con el campo `value`). Esto lo podemos utilizar, por ejemplo, para indicar un precio que no queremos que sea cambiado. De forma similar tenemos el tipo `hidden`, que nos permite añadir campos al formulario que no se visualizan, pero que sí se envían al servidor. De nuevo, lo podemos utilizar para enviar datos que no queremos que vea o manipule el usuario.

Por último tenemos el atributo `required`, que obliga al usuario a rellenar ese campo antes de enviar el formulario. Si no lo ha hecho, el navegador mostrará un mensaje de error. En la Figura 2.16 puedes ver un ejemplo. Pruébalo por ti mismo. El código sería el siguiente:

```
<label>Login:</label> <input type="text" required/>
<label>Contraseña:</label> <input type="password" required/>

<input type="submit" value="Enviar"/>
```

2.16. Uso del atributo required

2.6.3 Validación de formularios

Como acabamos de ver, podemos utilizar el atributo `required` para indicar al navegador que un campo debe ser rellenado obligatoriamente por el usuario. Este campo ha aparecido en el nuevo estándar HTML5, por lo que algunos navegadores antiguos no lo implementan y, por tanto, no validarán que el usuario haya rellenado el campo. Por ello, suele ser conveniente utilizar código JavaScript para validar los campos antes de enviarlos al servidor (ya veremos cómo).

Aunque hiciésemos eso, ¿podemos estar seguros en el lado del *back-end* sobre la completitud de los datos recibidos desde el *front-end*? La respuesta es no. Cualquiera podría copiar el formulario y modificar el código HTML, quitar el atributo `required` y enviar los datos a la URL del *back-end* como si viniesen de la página original. O incluso podríamos crear una petición HTTP manualmente. Por esta razón, cuando trabajes con formularios *siempre* debes realizar una doble validación. Primero comprobaremos todos los campos en el lado del *front-end* antes de enviar. Para ello utilizaremos HTML5 (el propio navegador) o código JavaScript. Luego, cuando recibamos una petición en el servidor, deberemos efectuar una nueva comprobación por si la petición HTTP ha sido modificada.

2.6.4 Otros elementos adicionales

Para terminar veamos otros controles adicionales que podemos incluir en un formulario.

2.6.4.1 CUADROS DE TEXTO DE VARIAS LÍNEAS

Si queremos incluir un cuadro de texto de varias líneas en el formulario no podemos utilizar el elemento `<input type="text">`, sino que es necesario usar el elemento `<textarea>`.

```
<label>Comentarios</label>
<textarea name="nombre" rows="4" cols="50" maxlenght="100">
Escribe aquí tu comentario
</textarea>
```

Los atributos `rows` y `cols` indican el número de líneas y caracteres por línea respectivamente. Otro atributo interesante es `maxlenght`, que limita el tamaño del texto al valor indicado. Puedes ver el resultado en la Figura 2.17.

2.6.4.2 LISTAS DE SELECCIÓN

Para crear una lista desplegable de selección utilizamos el elemento `<select>`. Su esquema es similar a las listas en los cuadros de texto, aunque no permiten introducir ningún valor, solo seleccionar:

```html
<label>Lista de selección</label>
<select name="paraSeleccion">
  <option value="opcion1">Primera opción</option>
  <option value="opcion2">Segunda opción</option>
  <option value="opcion3">Tercera opción</option>
</select>
```

Cada uno de los elementos se escribe dentro de un elemento `option`. Como se puede ver, el valor que se enviará al servidor (`value`) es independiente de lo que se mostrará en la lista (que puede ser un elemento HTML). Tienes el resultado en la Figura 2.17.

2.6.4.3 AGRUPACIONES DE ELEMENTOS

El elemento `<fieldset>` sirve para ver mejor las partes de un formulario al agrupar elementos relacionados. Puede contener un elemento `<legend>`, que es el título que se visualiza con el grupo.

```html
<fieldset>
  <legend>Login</legend>
  <label>Texto:</label> <input type="text" required/>
  <label>Contraseña:</label> <input type="password" required/>
</fieldset>

<input type="submit" value="Enviar"/>
```

El resultado de visualizar este código se muestra en la Figura 2.17.

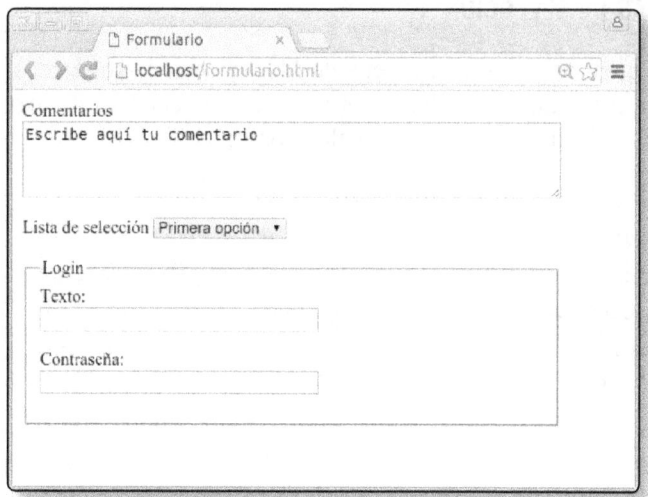

2.17. Cuadros de texto de varias líneas, listas de selección y agrupaciones de elementos

3

EL FORMATO: CSS3

Las CSS (*coding style sheets*) u hojas de estilo en cascada son los archivos responsables de definir la **apariencia** de una página web. Facilitan la gestión y la apariencia corporativa de un sitio web, ya que todas las páginas de un sitio pueden compartir la misma hoja de estilos y los cambios de apariencia quedan centralizados es estos archivos. Además, separan la presentación del contenido, por lo que podemos cambiar la estética de una página sin tener que cambiar su contenido (HTML).

Una hoja de estilos no es más que un archivo de texto con extensión .css. Aunque las hojas de estilo se definieron a mediados de los noventa, han tenido especial repercusión a partir de su última versión (CSS3), en combinación con HTML5. Como ya veremos, gracias a las nuevas CSS podremos aplicar incluso distintas hojas de estilo dependiendo del dispositivo en el que se presente la página web (pantalla grande, móvil, papel…).

3.1 INTEGRACIÓN DE ESTILOS EN UNA PÁGINA

Existen distintas formas de integrar estilos en una página. La primera consiste en incluir un estilo en una etiqueta como parte del HTML. Por ejemplo:

```
<p style="color: red;">Texto importante</p>
```

El problema de esta opción es bastante obvio. Si quisiéramos en un futuro cambiar el color de los párrafos con *"texto importante"*, tendríamos que buscar todos los párrafos y cambiarlos manualmente. Por eso, las hojas de estilo indican qué apariencia aplicar a cada elemento. En este caso podríamos definirlo así:

```
<!DOCTYPE html>
<html>
<head>
    <style type="text/css">
        p { color: red; }
    </style>
</head>
<body>
    <p>Texto en rojo</p>
</body>
<html>
```

Hemos añadido a la cabecera del documento HTML una **regla de estilo** que indica que todos los párrafos deben mostrarse en color rojo.

A la hora de hacer una web real, utilizaremos muchas reglas de estilo, así que no es muy manejable añadirlas todas en la cabecera. Es mucha mejor opción definirlas en un fichero externo .css y luego enlazarlas desde el HTML. Para ello utilizaremos el elemento <link>:

```
<link rel="stylesheet" type="text/css" href="./css/miHoja.css">
```

3.2 ESTRUCTURA DE LAS HOJAS DE ESTILO

Una hoja de estilos define una o más **reglas** que se aplicarán a los elementos que cumplen dicha regla. Cada regla se compone de dos partes:

- ▶ **Selector**: indica a qué elementos se va a aplicar la regla. Pueden escribirse varios selectores para la misma regla separados por comas (,).

- ▶ **Lista de declaraciones**: los estilos que se van a aplicar a los elementos que cumplen la regla. Son pares **propiedad:valor**, separados por punto y coma (;).

En el siguiente ejemplo se ha definido una regla que se aplicará a todos los elementos <p> de un HTML. Todos estos elementos se escribirán en rojo, con fuente Verdana y con una alineación de párrafo centrada.

```
p {
    color: red;
    font-family: Verdana;
    text-align:center;
}
```

Una hoja de estilos, además, puede contener comentarios, escritos entre /* y */. También podemos definir directivas at (empiezan por @), que, como veremos más adelante, modifican la forma de aplicar las reglas.

3.3 EL ÁRBOL DOM

Para saber cómo se aplican los selectores debes conocer qué es el **DOM** de un documento HTML. El DOM (*document object model*) es la representación estructurada, en forma de árbol, de los elementos escritos en un documento HTML. Por ejemplo, sabemos que todo documento HTML empieza por el elemento `<html>` y que este contiene los elementos `<head>` y `<body>`. Por su parte, la cabecera tiene distintos elementos `<meta>`, `<link>`, `<title>`, etc. El cuerpo contendrá, a su vez, otros elementos, los cuales contendrán a otros y así sucesivamente. Si lo dibujamos, se crea una estructura jerárquica que en informática se denomina *árbol*. En este caso, el árbol representa la estructura de un documento HTML, de ahí el nombre de DOM.

Gracias a este árbol DOM podemos identificar los distintos elementos del documento HTML según sus relaciones, y, de esta forma, aplicarles distintas reglas de estilo. Las relaciones que podemos identificar son:

- ▼ **Descendientes**: son todos los elementos contenidos (directa o indirectamente) por un elemento. Por ejemplo, head, meta o body son descendientes de html.

- ▼ **Hijos directos**: son los descendientes de primer nivel. Por ejemplo, head es hijo de html.

- ▼ **Hermanos** (*siblings*): descendientes que tienen un padre común. Por ejemplo, todos los elementos `<meta>` son hermanos entre sí.

Gracias a estas relaciones, dentro del DOM podremos definir una regla de estilo que se aplique solo a los elementos `<p>` contenidos dentro de una división `<div>` con una clase o identificador concreto. También podemos crear reglas para los *hermanos* que acompañan a un nodo, etc.

Como veremos en el próximo capítulo, el árbol DOM nos va a permitir modificar el contenido de los elementos una vez cargados en el navegador. Para ello utilizaremos el lenguaje JavaScript.

Veamos un ejemplo. En la Figura 3.1 puedes ver la representación DOM del siguiente documento HTML:

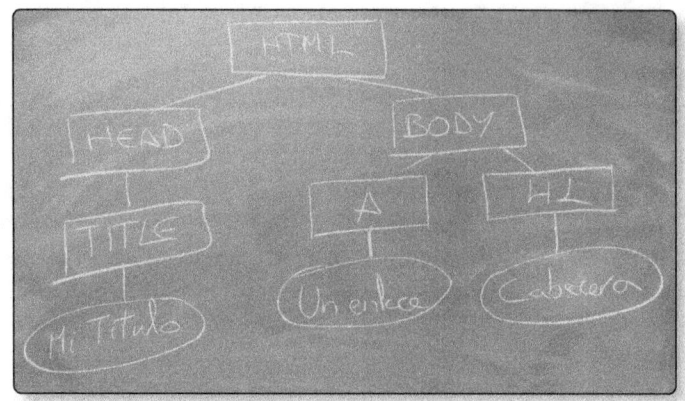

3.1. Árbol DOM de una página simple

```
<html>
    <head>
        <title>Mi título</title>
    </head>
    <body>
        <a href="...">Un enlace</a>
        <h1>Cabecera</h1>
    </body>
</html>
```

3.4 CASCADA DE ESTILOS

Una vez que podemos identificar los elementos concretos de un documento HTML, gracias al DOM podemos aplicarle las hojas de estilo. Una hoja de estilos puede contener reglas diferentes que configuren el mismo elemento, incluso podemos tener varias hojas de estilo con reglas contradictorias. Por ejemplo:

```
body {
    background-color: black;
    color: red;
}
p {
    color: blue;
}
```

En este caso decimos que todo el elemento `<body>` y todos sus descendientes deben tener color de fondo negro y color de texto rojo. Sin embargo, luego decimos que cualquier párrafo tiene color de texto azul. ¿Cómo queda entonces el estilo del documento? Pues todos los elementos tendrán color de fondo negro y color de texto rojo; a excepción de los párrafos, que tendrán de color de texto azul.

Como has visto, las reglas se aplican unas sobre otras, es decir, en **cascada**. De ahí el nombre de **cascadas de hojas estilos** o en inglés **cascade style sheets (CSS)**. Por eso las normas sobre su aplicación deben ser muy claras. En general, los estilos **se heredan**, es decir, cuando se establece una propiedad para un elemento, todos sus descendientes DOM heredan de forma automática dicha propiedad. En el ejemplo anterior veíamos que si definimos una regla para el elemento `<body>`, a todos los elementos que contenga se les aplicará el estilo definido en ella. Pero luego indicábamos una regla concreta para los elementos `<p>`. En este caso se aplica el estilo **más específico**. En caso de que tengamos igualdad de selectores, se utiliza el último estilo definido.

Esto tiene una implicación muy importante: si una regla está definida en dos hojas de estilo externas, se aplicará la regla de la hoja que se incluyó más tarde en el documento HTML. Por eso, el orden en el que se incluyen las CSS es bastante importante. Siempre incluiremos primero las hojas con reglas más generales, y, a continuación, las que contengan reglas más específicas. En el caso de que la regla esté incrustada en el HTML, entonces se aplica lo mismo: el estilo que se define en el elemento tiene mayor prioridad que la regla que se incluye en la cabecera del HTML.

Resumiéndolo todo, el proceso para resolver la regla que se aplica es el siguiente:

1. Buscar todas las declaraciones aplicables a un elemento.

2. Si no existen reglas, se usa el valor heredado. Si no hubiera valor heredado, el navegador define un valor por defecto.

3. Si existen reglas, se aplica la de mayor prioridad de acuerdo a los siguientes criterios:
    - Se asigna un peso según su origen: hoja de estilos del autor, del usuario o del navegador.
    - Si un atributo tiene la palabra clave `!important` se le da mayor prioridad.
    - Se da mayor prioridad a los selectores más específicos.
    - Si después de aplicar las normas anteriores existen dos o más reglas con la misma prioridad, se aplica la que se indicó en último lugar.

Ahora que ya sabemos qué son las hojas de estilo y su funcionamiento podemos pasar a estudiar cómo aplicarlas para configurar la apariencia de la web.

3.5 CSS RESET

Cada navegador tiene su propia hoja de estilos interna. Esto implica que el estilo por defecto de algunos de los elementos puede ser diferente para cada navegador, pues hay múltiples diferencias visuales a la hora de mostrar una misma página web en diferentes navegadores. Por este motivo se recomienda hacer un reinicio de los estilos de los elementos añadiendo una CSS especial (una CSS *reset*) al principio de nuestras páginas web. Existen múltiples CSS que realizan esta tarea (como las de los *frameworks* Yahoo YUI, HTML5 BoilerPlate o Normalize [*http://www.cssreset.com/*]), pero una de las más populares es la de Eric Meyer (*http://meyerweb.com/eric/thoughts/2007/04/18/reset-reasoning/*), considerado como uno de los gurús de las CSS. En el material que acompaña al libro encontrarás esta CSS.

Para añadirla solo has guardar el archivo en la carpeta `css` de tu sitio web y escribir el siguiente código en tu cabecera HTML, antes de añadir ninguna otra CSS:

```html
<html>
    <head>
        <link rel="stylesheet" href="./css/reset.css">
        ...
    </head>
    ...
</html>
```

3.6 SELECTORES

A continuación tienes los distintos tipos de selectores que se pueden utilizar para definir una regla CSS. Los selectores sirven para identificar los elementos a los que se aplicará el formato definido por la lista de declaraciones. Describiré los selectores de más generales a más específicos (o lo que es lo mismo, de menor a mayor prioridad).

3.6.1 Selector universal

Se define con * y se aplica a todos los elementos de la página:

```
* {
    margin: 0;
    font-family: Verdana;
}
```

Como puedes ver en el ejemplo, suele utilizarse para configurar los márgenes, la fuente y poco más.

3.6.2 Selector de etiqueta HTML

Indica el estilo que se va a un elemento o etiqueta concreto.

```
h1, h2, h3, h4, h5  {
    font-size: large;
}
```

Como muestra el ejemplo, en los selectores quitamos el < y el > de la etiqueta.

3.6.3 Selector de clase

Es común añadir a los elementos HTML un atributo class que indica las clases a las que pertenece el elemento. Esto nos permite tratar a esa "clase" de elemento de una forma particular, tanto en el estilo CSS como en la programación con JavaScript. Desde el punto de vista de las CSS, podemos aplicar una regla a todos los elementos que sean de una determinada clase:

```
.cabecera {
    color: blue;
}
```

En el ejemplo se pondrán en color azul *todos* los elementos (sean del tipo de que sean) que sean de la clase cabecera. Es equivalente a *.cabecera. Además, puede combinarse con el elemento concreto:

```
h1.cabecera {
    text-align:center;
}
```

En este otro ejemplo se establece una alineación de párrafo a todos los elementos <h1> que sean de la clase cabecera. Hay que tener cuidado de no dejar ningún espacio entre los nombres y el punto, ya que ese espacio tiene significado, tal y como veremos más adelante.

3.6.4 Selector de identificador

Permiten aplicar un estilo único al único elemento de la página que tiene un determinado identificador (especificado con el atributo id). El selector se especifica con # y el nombre del identificador. Al igual que con las clases, es muy importante el uso de los espacios en blanco.

```
p#destacado {
    background-color:yellow;
}
```

En este caso, hemos puesto en color de fondo amarillo el único párrafo que hemos identificado como destacado.

3.6.5 Selectores descendentes y adyacentes

Estos selectores permiten seleccionar elementos contenidos dentro de otros de acuerdo a la estructura en árbol del DOM. Si separamos dos selectores por un espacio en blanco, entonces estaremos aplicando la regla a todos los descendientes del primer selector:

```
section p {
    text-font: Verdada;
}
```

Este selector se aplica a todos los elementos <p> que son descendientes de un elemento <section> (recuerda que pueden ser descendientes de cualquier nivel).

Podemos mezclar selectores descendentes con los de clase o identificador:

```
section .error {
    color:red;
}
```

En este caso, se escribirá en rojo cualquier elemento de la clase error que sea descendiente de un elemento <section>. Aquí vemos la importancia de usar correctamente los espacios en blanco.

Si en lugar de aplicarlo a cualquier descendiente de un elemento lo queremos aplicar solo a sus hijos (es decir, a sus descendientes directos), entonces usaremos el símbolo >:

```
section>p {
    text-font: Verdada;
}
```

En este caso, la fuente Verdana solo se usa en los elementos <p> que son descendientes directos de <section>.

También podemos seleccionar elementos hermanos (*siblings*), es decir, elementos que aparecen justo después de otros elementos. Para ello utilizaremos el símbolo +. Por ejemplo:

```
h1 + p {
    text-indent: 1.5em;
}
```

Este selector indenta el primer párrafo que aparece justo después de un encabezado <h1>.

3.6.6 Selectores de atributos

Estos selectores se utilizan para seleccionar elementos en función de sus atributos. Hay cuatro tipos:

- [atributo]: elementos que tienen definido el atributo llamado atributo, independientemente de su valor.
- [atributo=valor]: elementos que tienen un atributo llamado atributo con el valor especificado.
- [atributo~=valor]: elementos que tienen un atributo llamado atributo y al menos uno de los valores del atributo es el valor especificado.
- [atributo^=valor]: elementos que tienen un atributo llamado atributo y cuyo valor empieza por el valor especificado.
- [atributo$=valor]: elementos que tienen un atributo llamado atributo y cuyo valor termina por el valor especificado.

Veamos un ejemplo de cómo utilizar estos selectores. Imagina que necesitamos indicar con un color distinto que un enlace lleva a una página que utiliza HTTP seguro. Para ello podríamos utilizar el siguiente código:

```
a {
    color: red;
}

a[href^=https] {
    color: blue;
}
```

3.6.7 Pseudoclases

Existen selectores especiales para especificar elementos que tienen unas determinadas propiedades. Son como clases "virtuales", ya que no se especifican en el HTML, pero representan las posiciones o estados en los que se puede encontrar un elemento mientras se visualiza en el navegador.

Por ejemplo, si queremos aplicarlo solo si un elemento es el primer hijo de su padre, entonces necesitaremos utilizar la pseudoclase first-child:

```
ul li:first-child {
    color: green;
}
```

En este caso, solo el primer elemento <li> de una lista de viñetas (<ul>) aparecerá en color verde.

Existen otras **pseudoclases** que nos ayudan a seleccionar a un hermano concreto de entre todos los hijos de un elemento:

- :nth-child(n): representa el n-ésimo hermano. Permite incluir una forma más compleja, como :nth-child(even) o :nth-child(odd), que representa los hijos que ocupan posiciones pares o impares (por ejemplo, para hacer que las filas impares de una tabla tengan distinto color de fondo).

- nth-last-child(n): lo mismo que el anterior, pero contando desde el final.

Las pseudoclases anteriores suelen utilizarse, por ejemplo, para crear tablas cebreadas, donde las filas pares e impares tienen apariencia diferente.

Hay también pseudoclases dinámicas, que indican el estado de los elementos cuando el usuario interactúa con ellos:

- :hover: se utiliza para establecer el estilo cuando el usuario coloca el ratón sobre el elemento.

- :active: se utiliza para establecer el estilo cuando el usuario pincha sobre el elemento o mantiene el botón del ratón pulsado sobre él.

- :focus: se utiliza para establecer el estilo cuando el elemento tiene el foco.

También son muy típicas las pseudoclases relacionadas con los enlaces:

- `:link`: establece el estilo del enlace cuando aún no se ha visitado o cuando el usuario aún no lo ha pulsado.

- `:hover`: establece el estilo cuando el usuario coloca el ratón sobre el elemento.

- `:active`: establece el estilo cuando el usuario pincha sobre el enlace.

- `a:visited`: establece el estilo de un enlace ya visitado por el usuario.

De esta forma, podemos establecer el estado de los enlaces sin visitar, visitados o cuando se pasa el ratón sobre ellos. Veamos un ejemplo:

```
a:link {
    color: green;
    text-decoration: none;
}
a:visited {
    color: red;
}
a:hover {
    color: blue;
}
```

Usando esta CSS, los enlaces del documento aparecen sin subrayar y en verde. Al situar el ratón sobre ellos pasan a azul y, una vez visitados, se muestran en rojo.

3.6.8 Selectores en acción

A continuación tienes un ejemplo donde he utilizado muchos tipos de selectores. Comprueba el resultado por ti mismo visualizándolo en tu navegador:

```html
<html>
    <head>
        <title>Mi segunda web</title>
        <meta charset="utf-8"/>
        <link rel="stylesheet" type="text/css"
              href="cap03_ejemplo01.css" />
    </head>
```

```html
<body>
    <header>
        Ejemplo de Tecnologías Web<span>en este caso
CSS3</span>
    </header>
    <nav>
        <a href="principal.html">Principal</a>
        <a href="info.html">Información</a>
        <a href="login.html">login</a>
    </nav>
    <div id="principal">
        <article>
            <p>Las tecnologías más utilizadas en el
            front-end son:</p>
                <ul class="cebreada">
                    <li>HTML5</li>
                    <li>CSS</li>
                    <li>JavaScript</li>
                    <li>JQuery</li>
                </ul>
        </article>
        <aside>Barra lateral</aside>
    </div>
    <footer>Este es el pie de página</footer>
</body>
</html>
```

(cap03_ejemplo01.css)

```css
* {
    margin: 0;
    font-family: Verdana;
}

header {
    height: 10%;
    background-color: lightblue;
    font-size: 30px;
}

header>span{
    font-size: 20px;
    color: grey;
    margin-left: 20px;
}
```

```css
nav {
    background-color: lightgray;
    padding: 5px;
}

nav a{
    margin-left: 15px;
    padding: 5px;
    background-color: white;
}

nav a:first-child{
    background-color: darkgray;
}

a {
    text-decoration: none;
    color: blue;
}
a:visited {
    color: lightblue;
}

a:hover {
    background-color: beige;
}

a[href^=https]{
    font-style: italic;
}

#principal {
    display: flex;
    align-items: stretch;
}

article {
    width: 80%;
    background-color: lemonchiffon;
    min-height: 80%;
}

ul.cebreada {
    list-style-type: none;
    width: 100%;
    text-align: center;
}
```

```
ul.cebreada>li:nth-child(odd){
    background-color: beige;
}

aside {
    width: 20%;
    background-color: lightsalmon;
    min-height: 80%;
}

footer{
    background-color: lightgreen;
    height: 5%;
}
```

Intenta averiguar qué hace cada selector y las distintas declaraciones que contiene. Para eso puedes utilizar las herramientas de inspección de Google Chrome, como puedes ver en la Figura 3.2. La pestaña de estilos (*Styles*) te muestra ordenadamente cómo se aplican las reglas en cascada, además de indicar el origen de esa regla dentro del archivo .css. Jugando con las herramientas podrás desactivar o modificar las declaraciones CSS para ver su efecto instantáneamente.

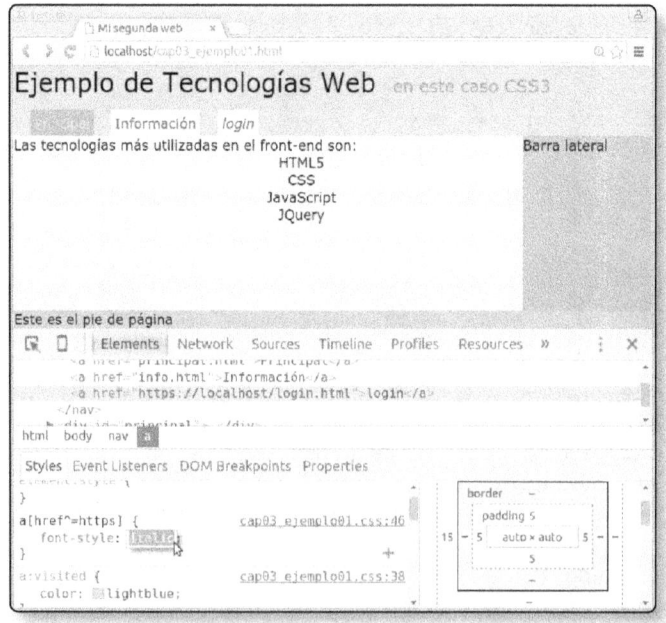

3.2. Inspección de las propiedades CSS en Google Chrome

3.7 PRINCIPALES LISTAS DE DECLARACIONES

Una vez que sabemos cómo seleccionar los elementos a los que queremos dar formato es hora de establecer las propiedades visuales de los mismos. Las propiedades se definen como listas de declaraciones. Estas son muy heterogéneas y no se pueden aplicar a todos los elementos HTML. Aquí solo voy a presentar las más relevantes, pero es recomendable tener siempre a mano. Por ejemplo: *https://developer.mozilla.org/es/docs/Referencia_CSS* o *http://www.w3schools.com/css/*. Antes de entrar en faena, veamos un par de detalles sobre cómo establecer los distintos valores de estas propiedades

3.7.1 Unidades de medida y color

Muchas propiedades aceptan como valor una unidad de medida. En general es recomendable utilizar **medidas relativas** en vez de absolutas. Por ejemplo, si queremos una letra más grande podemos indicar directamente que la queremos a 20 píxeles de alto; sin embargo, dependiendo del dispositivo, el tamaño de letra varía considerablemente, y, en un dispositivo móvil, ese tamaño puede ser desproporcionado. Una mejor opción sería establecer que el tamaño de letra sea el doble de lo normal. Por eso, las declaraciones CSS admiten las siguientes unidades:

- **Porcentaje**: establece el tamaño en un tanto por ciento con respecto *al valor heredado*. Ej.: `font-size: 80%`.

- `em`: establece el tamaño de acuerdo al tamaño de la fuente actual (o de la fuente heredada, si no se ha definido un tamaño de fuente). Ej.: `font-size: 2em` establece el tamaño de fuente al doble del tamaño de fuente actual (heredada).

- `px`: establece el tamaño en píxeles (un punto en la pantalla en la que se presenta la página). Ej.: `font-size: 12px`. Es una medida absoluta que debería ser evitada.

Veremos más adelante que podemos utilizar las CSS para indicar la apariencia visual de la página web en otros dispositivos, como la impresora. En este caso podemos utilizar otro tipo de medidas, como las siguientes:

- `cm, mm, in`: establece el tamaño en unidades internacionales (centímetros, milímetros, pulgadas). Ej.: `font-size: 12mm`.

- pt: establece el tamaño en puntos (1/72 de una pulgada). Ej.: font-size: 12pt.

El uso de medidas relativas (porcentajes o em) permite que nuestra página se visualice correctamente en cualquier dispositivo. Esto es la base del llamado *diseño adaptativo* o *responsive*, es decir, el diseño de sitios web que se adaptan al dispositivo en el que se visualizan (un navegador, un *tablet*, un móvil, etc.). Hablaremos del diseño adaptativo más adelante.

Otro elemento fundamental en una página web es el color. Hay una lista de 140 colores predefinidos (*http://www.w3.org/TR/css3-color/#svg-color*), pero también podemos definirlos utilizando la notación RGB (de *red, green, blue*): indicamos la cantidad de rojo, verde y azul que compone el color. Para cada color podemos poner un valor entre 0 y 255 (valor decimal) o un porcentaje, aunque normalmente se utiliza el valor hexadecimal (que para algo tenía que valer estudiar la codificación hexadecimal en primero de carrera). Si no conoces esa notación, no hay problema, existen muchas páginas *online* para hacer la conversión. La identificarás porque empieza por # y está seguida de seis letras o números. Por tanto, las formas en las que podemos definir un color son las siguientes:

- color: red: utilizamos uno de los colores predefinidos.
- color: #ff0000: utilizamos el color RGB en hexadecimal.
- color: rgb(255,0,0): utilizamos el color RGB en decimal.
- color: rgb(100%,0%,0%): utilizamos el color RGB en porcentajes.
- color: transparent: el color transparente también es un color en CSS3.

Ahora que ya sabemos cómo establecer tamaños y colores, empecemos con las propiedades.

3.7.2 Propiedades de texto

Las principales propiedades que se pueden emplear en los elementos que tienen texto son las siguientes:

- color: indica el color de la fuente. Su valor es un color (descrito como acabamos de ver).

- `font-size`: tamaño de la fuente. Como también hemos comentado, mejor si es relativa.

- `font-style`: para letras en cursiva: `normal`, `italic`.

- `font-weight`: para letras en negrita o letras delgadas: `normal`, `bold`, `bolder`, `lighter`...

- `text-decoration`: para añadir subrayados y tachados: `none`, `underline`, `line-through`, `overline`...

- `text-transform`: permite pasar a mayúsculas (`uppercase`) o a minúsculas (`lowercase`).

- `letter-spacing` y `word-spacing`: permiten indicar el espacio entre las letras y palabras.

- `line-height`: espacio entre las líneas.

- `text-align`: alineación horizontal del texto en un elemento que lo contiene: `left`, `right`, `center`, `justify`.

- `text-indent`: para añadir indentación a un bloque de texto. El valor es una unidad de medida.

Es muy importante definir una fuente que sea coherente con el estilo de nuestra web (más o menos informal, técnica, etc.). Para ello disponemos de la propiedad `font-family`, donde seleccionamos la fuente: `verdana`, `arial`, `times new roman`. El problema de esta declaración es que la fuente debe estar disponible en el navegador. Por eso se pueden especificar varias fuentes por si faltase alguna y de esta forma se seleccionan en orden. Otra limitación de esta aproximación es que solo podemos utilizar fuentes muy estándares. Como solución a estos problemas existen **servidores de fuentes de texto**, como *https://www.google.com/fonts*, que nos ofrecen la posibilidad de cargar la fuente directamente desde su servidor. Si accedes a esta página podrás elegir entre una amplio catálogo y encontrar el código HTML para enlazarla. Por ejemplo, para utilizar la fuente de referencia de Google, denominada *Roboto*, añadiríamos a nuestra cabecera:

```
<link href='https://fonts.googleapis.com/css?family=Roboto'
      rel='stylesheet' type='text/css'>
```

3.7.3 Propiedades de fondo

Para establecer el fondo de un elemento utilizamos la propiedad `background-color`. También podemos emplear una imagen con `background-image`. Esta imagen se repetirá vertical y horizontalmente para cubrir todo el elemento. Podemos limitar la forma en que se repite, con `background-repeat: repeat-y;` y `background-repeat: repeat-x;`.

Otra opción muy utilizada es desactivar la repetición con `background-repeat: no-repeat;` y establecer una posición fija de la imagen con `background-position`. Por ejemplo, para situarla en la esquina inferior derecha utilizaríamos: `background-position: right bottom;`. Si además queremos que la imagen esté fija y no desaparezca al hacer *scroll* en la página, entonces utilizamos `background-attachment: fixed;`. Juntándolo todo quedaría así (pruébalo por ti mismo):

```
body {
    background-image: url("fondo.png");
    background-repeat: no-repeat;
    background-position: right bottom;
    background-attachment: fixed;
}
```

3.7.4 Dimensiones y bordes

Para indicar las dimensiones de un elemento utilizamos las propiedades `width` y `height` (ancho y alto). También debemos tener en cuenta sus márgenes, tanto externo como interno. El primero es el margen desde el borde hasta los otros elementos: `margin`; el segundo es el espacio interno hasta el propio borde del elemento: `padding`.

Podemos asignar un margen externo para los cuatro lados con la propiedad `margin`. O también podemos indicar un margen externo particular para cada lado con `margin-top, margin-bottom, margin-left` y `margin-right`. De forma análoga, tenemos los márgenes internos `padding-top, padding-bottom, padding-left` y `padding-right`.

Una vez que hemos definido los márgenes externos e internos, podemos configurar la apariencia del borde. Primero estableceremos el estilo con `border-style`, que admite varios valores: punteado (`dotted`), discontinuo (`dashed`), sólido (`solid`) o doble (`double`). También existen valores para crear bordes biselados, pero las guías de estilo actuales lo desaconsejan por estar un poco "pasado de moda". A continuación podemos personalizar la anchura del trazo con `border-width` y el color con `border-color`.

3.7.5 Propiedades de listas

Las principales propiedades que se pueden asignar a los elementos utilizados para representar las listas son los siguientes:

- ▼ `list-style-type`: representa el tipo de marcador que se usa en una lista. Existen muchos valores predefinidos: `circle, square, decimal, lower-roman, upper-roman, lower-greek, none`...

- ▼ `list-style-position`: indica si el marcador se incluye dentro del texto del elemento o fuera (lo habitual): `inside, outside`.

- ▼ `list-style-image`: Permite añadir una imagen como marcador: `none` o `url("URL de la imagen")`.

3.7.6 Otras propiedades

Además de las propiedades anteriores, hay que destacar un par de propiedades adicionales que también nos van a ser de especial utilidad a la hora de dar formato a los elementos:

- ▼ `visibility`: indica si el elemento está o no visible: `visible, hidden, collapse` (usado solo para elementos de tablas para no visualizar filas o columnas).

- ▼ `display`: cambia el tipo de caja del elemento: `block, inline` o `none`. Como veremos en la próxima sección, esto afectará a la forma en la que se posiciona un elemento en dentro de la página. El valor `none` suele utilizarse para hacer desaparecer elementos.

3.8 POSICIONAMIENTO DE ELEMENTOS

El posicionamiento de elementos siempre ha provocado muchos "dolores de cabeza" a los diseñadores web. El posicionamiento "clásico" se basa en un **modelo de bloques** que se van colocando para llenar el espacio de la página de izquierda a derecha y de arriba abajo. El problema de esta opción es que no se adapta fácilmente a dispositivos móviles, donde nos encontramos con cambios de tamaño u orientación del navegador, además de no permitir reordenar los elementos para ajustarlos a los distintos tipos de dispositivo.

Por suerte existe un nuevo **modelo de posicionamiento flexible** que simplifica todas estas tareas considerablemente. El modelo flexible es quizás demasiado detallado para organizar la estructura general de la página web. En su lugar se está imponiendo el **modelo de rejilla**, donde se divide el espacio en una rejilla virtual y a continuación se indica cuántas celdas de dicha rejilla ocupa cada componente dependiendo del tamaño y orientación del dispositivo. Estos dos modelos permiten realizar diseño *adaptativo* (en inglés, *responsive design*). Este tipo de diseño permite que nuestras páginas web se adapten al dispositivo en el que están siendo visualizadas: teléfonos inteligentes, tabletas o PC de escritorio. De esta forma, la web no se agranda o encoge simplemente, sino que sus elementos se reorganizan y cambian de tamaño según el espacio disponible.

Empezaré explicando el modelo "clásico" de bloques para luego entrar en detalle en el modelo flexible y de bloques.

3.8.1 Modelo de bloque

Las cajas de los elementos se colocan por defecto siguiendo el "flujo normal", es decir, empujando las cajas hacia la izquierda y hacia arriba. Sin embargo, podemos cambiar el "flujo normal", haciendo que las cajas se posicionen según uno de los siguientes modos de acuerdo a la propiedad `position`:

- ▼ **Estática** (`position: static`): es el modo de posicionamiento por defecto. La caja ocuparía la posición en la que quedaría en un "flujo normal".

- ▼ **Relativa** (`position: relative`): se desplaza de su posición estática estándar usando propiedades `top`, `right`, `bottom` y `left`. Al igual que con las dimensiones de la caja, estas dimensiones indican el espaciado que se deja a cada lado de acuerdo con la posición original de la caja. El resto de las cajas no se ven afectadas por este desplazamiento relativo, por lo que la reservan espacio.

- ▼ **Absoluta** (`position: absolute`): elimina la caja del flujo normal y coloca la caja en una posición fija de manera absoluta con respecto a su caja contenedora. Para colocarla se usan de nuevo las propiedades `top`, `right`, `bottom` y `left`. Puede superponerse a otros elementos, ya que no se le reserva espacio.

▼ **Fija** (position: fixed): igual que el posicionamiento absoluto, pero especificando la posición con respecto a la ventana. Esto implica que la caja mantiene su posición y no se mueve cuando se usan las barras de desplazamiento.

▼ **Flotante** (position: float): es el modo de posicionamiento flotante, de modo que la caja se desplaza hacia un lado (float: left o float:right) llevándola a uno de los extremos de la caja contenedora o hasta la primera caja flotante que se encuentre en esa dirección. Esto implica que se puede superponer a otras cajas no flotantes.

En el último caso vemos que la caja deja de pertenecer al flujo normal de la página, por lo que el resto de cajas ocupan el lugar que ha dejado. Podemos hacer que un elemento no se vea afectado por lo que hagan las cajas flotantes a su alrededor definiendo la propiedad clear, que fuerza a que el elemento se muestre debajo de cualquier caja flotante de un determinado tipo (clear: left o clear: right) o de cualquier caja flotante (clear: both).

En la Figura 3.3 puedes ver un pequeño ejemplo cuyo código es el siguiente:

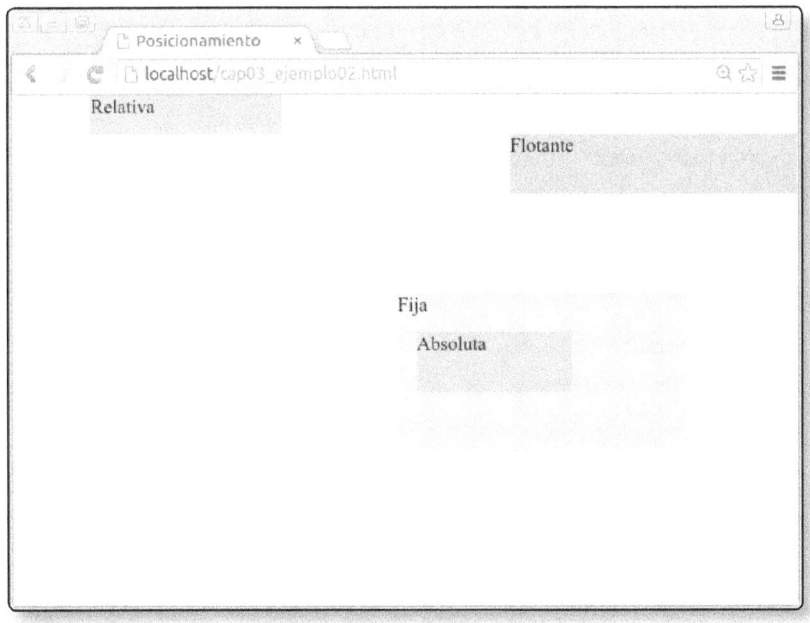

3.3. Posicionamiento de elementos

```html
<html>
    <head>
        <title>Posicionamiento</title>
        <meta charset="utf-8"/>
        <link rel="stylesheet" type="text/css" href="cap03_ejemplo02.css" />
    </head>
    <body>
        <div id="relativa">Relativa</div>
        <div id="fija">
            Fija
            <div id="absoluta">Absoluta</div>
        </div>
        <div id="flotante">Flotante</div>
    </body>
</html>
```

La hoja de estilo correspondiente (cap03_ejemplo02.css) contendría:

```css
body{
    margin: 0;
}

div#relativa {
  background: pink;
  position: relative;
  width: 10em;
  height: 2em;
  left: 4em;
}

div#fija {
  background: yellow;
  position: fixed;
  width: 15em;
  height: 8em;
  left: 20em;
  top: 10em;
}

div#absoluta {
  background: lightblue;
  position: absolute;
  width: 8em;
```

```
    height: 3em;
    left: 1em;
    top: 2em;
}

div#flotante {
    background: lightgreen;
    position: float;
    width: 15em;
    height: 3em;
    float: right;
}
```

Aunque el ejemplo es bastante sencillo, no permite entender todas las implicaciones del posicionamiento. Por eso en mis clases utilizo el siguiente ejercicio. Parte del siguiente documento HTML:

```
<html>
  <head>
<meta charset="utf-8"/>
  </head>
  <body>
    <div id="a"></div>
    <div id="b">
      <div id="c"></div>
    </div>
    <p>Lorem ipsum dolor sit amet, consectetur adipisicing 
    elit. Maiores est voluptas dolorem quod id neque 
    esse doloribus saepe ut reprehenderit possimus fugit. 
    Laudantium distinctio doloribus repellendus quibusdam 
    voluptatem recusandae aut.</p>
    <p>Lorem ipsum dolor sit amet, consectetur adipisicing 
    elit. Doloremque nam illum eveniet iste commodi culpa 
    vel quibusdam sint veniam itaque provident sed ipsum 
    reiciendis labore beatae impedit vitae earum aut.</p>
  </body>
</html>
```

Y usa la siguiente hoja de estilos:

```
div#a {
  background: blue;
  width: 2em;
  height: 4em;
}
```

```
div#b {
  background: red;
  width: 4em;
  height: 2em;
}

div#c {
  background: pink;
  width: 1em;
  height: 1em;
}

p {
  font-size: 80px;
  background: yellow;
  margin: 0;
  padding 0;
}
```

El tamaño de la fuente es intencionadamente grande para que necesitemos hacer *scroll* en la página. Ahora prueba a realizar las siguientes acciones para ver el resultado:

1. Cambia el posicionamiento del bloque *a* a `relative` y con un espaciado superior de 1em e izquierdo de 2em. Verás que el bloque azul se superpone al rojo, pero se reserva el espacio que debería haber ocupado el bloque azul.

2. Cambia el posicionamiento del bloque *c* a `relative` y con un espaciado superior de 1em e izquierdo de 2em. Verás que, en este caso, el bloque rosa cambia su posición *con respecto a su contenedor* (es decir, el bloque rojo).

3. Cambia el posicionamiento del bloque *a* a `absolute` y con un espaciado superior de 1em e izquierdo de 2em. Verás que el bloque azul se superpone al rojo pero que este último *no* ha reservado el espacio que debería haber ocupado el bloque azul, por lo que el rojo se coloca en la esquina superior izquierda de la pantalla. Verás que, si haces *scroll*, los bloques dejan de verse.

4. Cambia el posicionamiento del bloque *a* a `fixed` y con un espaciado superior de 1em e izquierdo de 2em. Como antes, el bloque rojo no ha reservado el espacio del bloque azul. En cambio, si hacemos *scroll*

veremos que el bloque azul sigue en una posición fija con respecto a la ventana.

5. Cambia el posicionamiento del bloque *a* a `float` y añade la propiedad `float:right`. Verás que el bloque azul se ha colocado junto al borde derecho de la ventana y que no se le ha reservado espacio (por lo que se superpone al resto de los elementos).

6. Cambia el posicionamiento del bloque *c* a `float` y añade la propiedad `float:right`. Verás que el bloque rosa se ha pegado al lado derecho de su contenedor, el bloque rojo.

7. Cambia el posicionamiento del bloque *b* a `float` y añade la propiedad `float:right`. Verás que el bloque rojo se ha pegado al lado derecho hasta que ha chocado con el elemento flotante anterior, el bloque azul.

8. Cambia el posicionamiento del bloque *a* a `float` y añade la propiedad `float:left`. Añade a `p` la propiedad `clear: right`. Verás que el párrafo se coloca debajo de la caja roja, pero se superpone a la caja azul.

9. Cambia en `p` la propiedad `clear: both`. Verás que ahora el párrafo se ha colocado justo debajo de la caja azul.

Como acabas de comprobar, el modelo de bloques no es demasiado sencillo de entender, además de no permitir fácilmente el diseño adaptativo. Por tanto, han surgido las aproximaciones que veremos ahora.

3.8.2 Modelo flexible

El posicionamiento flexible o *flexbox* permite acomodar los elementos de una página según cambien las dimensiones y orientación de la página. Por tanto, nos permite hacer diseño *adaptativo* para que nuestras páginas web se visualicen correctamente en cualquier dispositivo. Este estándar es bastante reciente y todavía no está soportado por todos los navegadores, aunque lo estará muy pronto. Las ventajas son un código mucho más legible y simple, donde podemos, por ejemplo, cambiar el orden de los elementos independientemente del orden en el código HTML. El modelo flexible es apropiado para colocar pequeños componentes de una aplicación web. Para hacer la disposición general de los elementos de una página se está imponiendo el modelo de rejilla que veremos justo a continuación.

La idea principal es que un contenedor flexible expande o comprime sus elementos para rellenar el espacio libre o ajustarse al área disponible. De esta forma, tendremos un *contenedor flex* (*flex container*) y una serie de *elementos flex contenidos* (*flex item*). Para definir un contenedor utilizaremos la propiedad `display: flex` (o `display: --webkit-flex` para compatibilidad con Safari). Todos los elementos contenidos pasarán a tener la condición de elementos flex.

En este modelo no se utilizan conceptos como ordenamiento horizontal o vertical, sino que se define un eje principal (*main axis*) y otro secundario (*cross axis*). De esta forma, el diseño se ajusta fácilmente a los cambios de orientación del dispositivo. Por cada eje podremos situar componentes en su inicio (`main-start` o `cross-start`) y final (`main-end` o `cross-end`). En la Figura 3.4 puedes ver un esquema de todos estos conceptos.

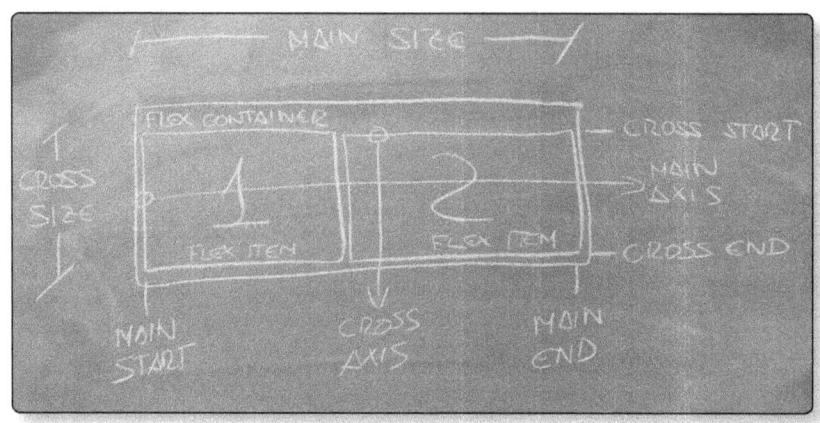

3.4. Conceptos de Flexbox

Para mostrar las características de Flexbox partiremos del siguiente código. Comenzaremos con cuatro contenedores y luego iremos añadiendo más.

```
<html>
    <head>
        <title>Flexbox</title>
        <meta charset="utf-8"/>
        <link rel="stylesheet" type="text/css" href="cap03_ejemplo03.css" />
    </head>
    <body>
        <div id="cont01" class="contenedor">
            <div>1</div><div>2</div><div>3</div><div>4</div><div>5</div>
        </div>
```

```
        <div id="cont02" class="contenedor">
            <div>1</div><div>2</div><div>3</div><div>4</div><div>5</div>
        </div>
        <div id="cont03" class="contenedor">
            <div>1</div><div>2</div><div>3</div><div>4</div><div>5</div>
        </div>
        <div id="cont03" class="contenedor">
            <div>1</div><div>2</div><div>3</div><div>4</div><div>5</div>
        </div>
    </body>
</html>
```

Utiliza la siguiente CSS para configurar los elementos:

```
.contenedor{
  width: 400px;
  border-style: solid;
  border-color: #3F51B5;
  border-width: 4px;
  margin-top: 15px;
  display: flex;
}

.contenedor>div{
  background-color: #FF4081;
  color: white;
  text-align: center;
  width: 50px;
  height: 50px;
  font-size: 3em;
  margin: 4px;
}
```

3.8.2.1 DIRECCIÓN DE LOS ELEMENTOS

La propiedad `flex-direction` especifica la dirección del eje principal y, por tanto, cómo se colocan los elementos dentro del contenedor. Podemos utilizar los valores: `row` (fila), `row-reverse` (fila invertida), `column` (columna) o `column-reverse` (columna invertida).

Añade el siguiente código CSS para comprobar su funcionamiento. Puedes ver el resultado en la Figura 3.5.

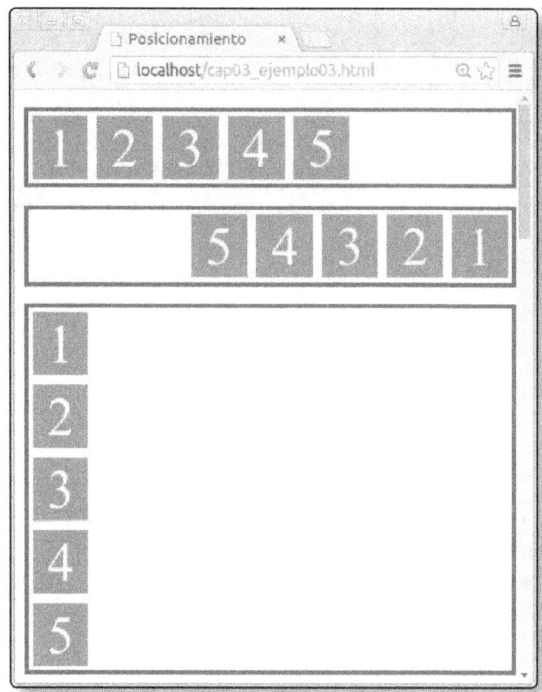

3.5. Propiedad flex-direction en Flexbox

```
#cont01{
   flex-direction: row;
}
#cont02{
   flex-direction: row-reverse;
}
#cont03{
   flex-direction: column;
}
#cont04{
   flex-direction: column-reverse;
}
```

3.8.2.2 AJUSTE EN EL EJE PRINCIPAL

Esta propiedad establece si es necesario ajustar los elementos para que quepan en una sola fila (o columna). Los valores posibles son `nowrap`, que ajusta los elementos a una línea; `wrap`, que los distribuye sin cambiar su tamaño; y `wrap-reverse`, que es similar al anterior, pero en orden inverso de filas. Para comprobarlo añade el siguiente código. Puedes ver el resultado en la Figura 3.6.

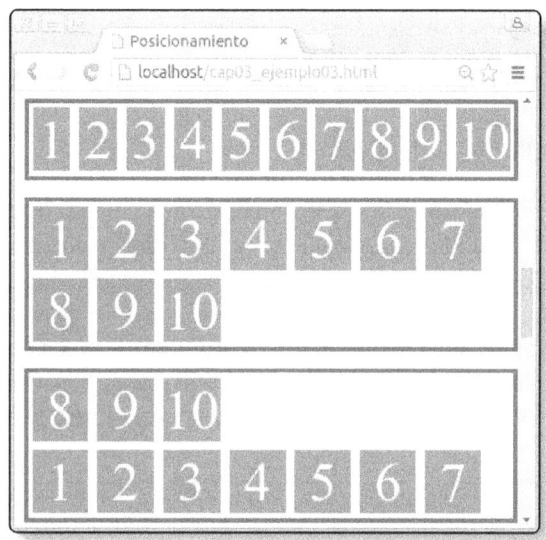

3.6. Propiedad flex-wrap

```
<div id="cont05" class="contenedor">
    <div>1</div><div>2</div><div>3</div><div>4</div><div>5</div>
    <div>6</div><div>7</div><div>8</div><div>9</div><div>10</div>
</div>
<div id="cont06" class="contenedor">
    <div>1</div><div>2</div><div>3</div><div>4</div><div>5</div>
    <div>6</div><div>7</div><div>8</div><div>9</div><div>10</div>
</div>
<div id="cont07" class="contenedor">
    <div>1</div><div>2</div><div>3</div><div>4</div><div>5</div>
    <div>6</div><div>7</div><div>8</div><div>9</div><div>10</div>
```

```
div>
</div>
#cont05{
   flex-wrap: nowrap;
}
#cont06{
   flex-wrap: wrap;
}
#cont07{
   flex-wrap: wrap-reverse;
}
```

3.8.2.3 ALINEACIÓN DEL CONTENIDO

Con la propiedad `justify-content` podemos alinear los elementos respecto al eje principal del contenedor. De esta forma decidimos qué hacer con el espacio restante. Los posibles valores son los siguientes: `flex-start`, que junta los elementos al principio del eje; `flex-end`, que junta al final; `center` para centrarlos; `space-between`, que reparte el espacio entre los elementos dejando los extremos pegados al borde; y `space-around`, donde todo el espacio restante se reparte alrededor de cada elemento. Pruébalo con el siguiente código; puedes ver el resultado en la Figura 3.7.

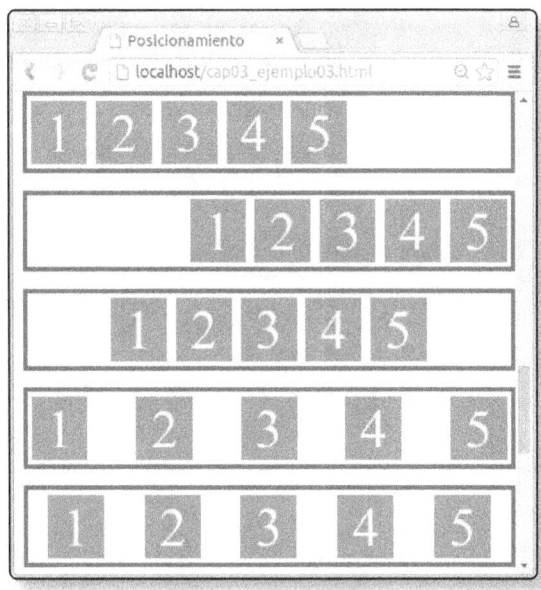

3.7. Propiedad justify-content en Flexbox

```
<div id="cont08" class="contenedor">
    <div>1</div><div>2</div><div>3</div><div>4</div><div>5</div>
</div>
<div id="cont09" class="contenedor">
    <div>1</div><div>2</div><div>3</div><div>4</div><div>5</div>
</div>
<div id="cont10" class="contenedor">
    <div>1</div><div>2</div><div>3</div><div>4</div><div>5</div>
</div>
<div id="cont11" class="contenedor">
    <div>1</div><div>2</div><div>3</div><div>4</div><div>5</div>
</div>
<div id="cont12" class="contenedor">
    <div>1</div><div>2</div><div>3</div><div>4</div><div>5</div>
</div>
#cont08{
  justify-content: flex-start;
}
#cont09{
  justify-content: flex-end;
}
#cont10{
  justify-content: center;
}
#cont11{
  justify-content: space-between;
}
#cont12{
  justify-content: space-around;
}
```

3.8.2.4 AJUSTE EN EL EJE SECUNDARIO

Para ajustar los elementos respecto al eje secundario contamos con la propiedad `align-items`. En este caso, los valores posibles son `strech` para ocupar todo el ancho; `flex-start` y `flex-end` para alinear al principio y final de este eje; y `center` para centrar. De nuevo, puedes ver el resultado en la Figura 3.8. El código correspondiente es:

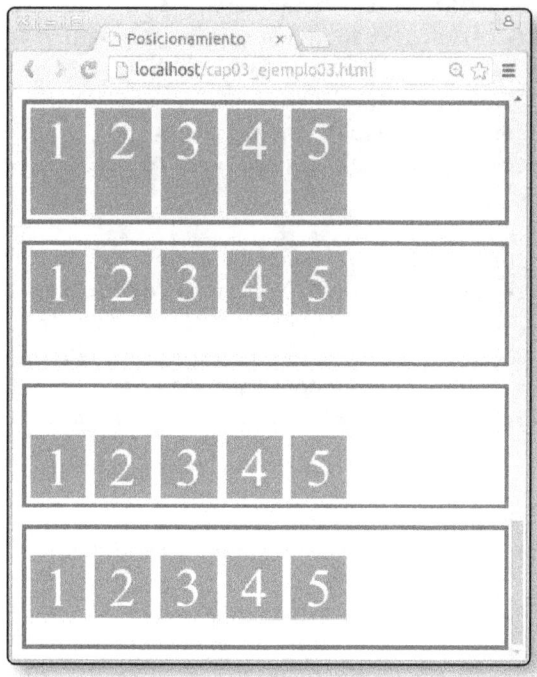

3.8. Propiedad align-items en Flexbox

```
<div id="cont13" class="contenedor contenedorAlto">
    <div>1</div><div>2</div><div>3</div><div>4</div><div>5</div>
</div>
<div id="cont14" class="contenedor contenedorAlto">
    <div>1</div><div>2</div><div>3</div><div>4</div><div>5</div>
</div>
<div id="cont15" class="contenedor contenedorAlto">
    <div>1</div><div>2</div><div>3</div><div>4</div><div>5</div>
</div>
<div id="cont16" class="contenedor contenedorAlto">
    <div>1</div><div>2</div><div>3</div><div>4</div><div>5</div>
</div>
.contenedorAlto{
  height: 100px;
}
```

```
#cont13 {
  align-items: strech;
}

#cont14 {
  align-items: flex-start;
}

#cont15 {
  align-items: flex-end;
}

#cont16 {
  align-items: center;
}
```

3.8.2.5 PROPIEDADES DE LOS ELEMENTOS

Hasta ahora hemos visto propiedades para configurar el contenedor principal. Pero también hay propiedades muy interesantes para los elementos que nos permiten ordenarlos e indicar cómo ocupan el espacio. Estas propiedades son:

- `order`: indica el orden en que aparece el elemento dentro del contenedor. De esta forma no es necesario cambiar el código HTML para reordenar los elementos, ya que por defecto se muestran en el orden en que aparecen dentro del código. Simplemente se indica un número de orden, por ejemplo, `order: 2`.

- `flex-grow`: esta propiedad establece el *factor de crecimiento* del elemento. Es decir, cómo crece el elemento con relación a los otros. Por ejemplo, si indicamos un `flex-grow:2`, entonces el elemento crecerá el doble que los demás cuando el contenedor tenga espacio libre.

- `flex-shrink`: análoga a la propiedad anterior, define el *factor de encogimiento*. Es decir, cuanto tamaño se reduce con relación al resto.

- `flex-basis`: indica el tamaño por defecto (ancho) del elemento antes de que el espacio libre sea distribuido. Normalmente se deja en el valor por defecto `flex-basis: auto`.

Existe una forma abreviada de las tres últimas propiedades llamada flex. Se le indican tres valores que representan el flex-grow, flex-shrink y flex-basis. Por ejemplo, flex: 1 1 auto.

Veamos un ejemplo donde reordenamos e indicamos que uno de los elementos crece el doble que el resto. Puedes ver el resultado en la Figura 3.9.

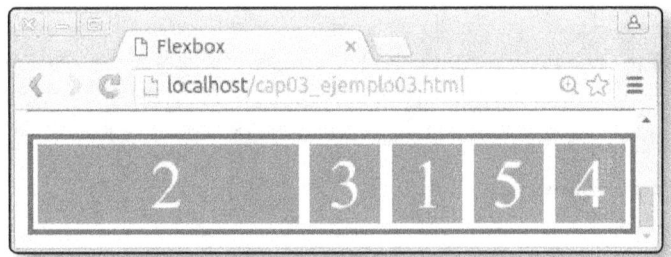

3.9. Propiedades de los elementos en Flexbox

```
<div class="contenedor">
   <div id="item1">1</div>
   <div id="item2">2</div>
   <div id="item3">3</div>
   <div id="item4">4</div>
   <div id="item5">5</div>
</div>
#item1{
   order: 3;
}
#item2{
   order: 1;
   flex-grow: 2;
}
#item3{
   order: 2;
}
#item4{
   order: 5;
}
#item5{
   order: 4;
}
```

3.8.3 Modelo de rejilla

Aunque el modelo de cajas flexibles permite crear sitios *adaptativos* gracias a las **media queries** que te presentaré en la próxima sección, el modelo que se está imponiendo es el modelo de rejilla. En este modelo la pantalla se divide en una especie de rejilla virtual y el diseñador elige cuántas celdas de esa rejilla ocupará cada elemento dependiendo del dispositivo. Podemos decir que la librería que ha popularizado este tipo de modelo es **Bootstrap** (*http://getbootstrap.com*), creada por los desarrolladores de Twitter. Aunque la estudiaremos al detalle más adelante, podemos utilizar su modelo de rejilla como ejemplo ya que está muy extendido.

En Bootstrap el espacio disponible se divide en 12 columnas de igual tamaño. Por cada elemento indicaremos cuántas columnas ocupa dependiendo del tamaño del dispositivo. Por ejemplo, para una barra lateral podemos indicar que ocupe dos columnas en tamaño de escritorio, seis columnas (la mitad del ancho total) en *tablets* y 12 columnas (todo el ancho) en dispositivos móviles. Para eso se utilizan una serie de clases que en este caso serían: .col-md-2, .col-sm-6 y .col-xs-12 respectivamente. Como puedes ver, en estas clases se indica el número de columnas deseado cuando el navegador tenga un tamaño concreto. Estos tamaños se definen así en Bootstrap:

- ▼ **xs** (*extra small*). Pantallas con ancho inferior a 768 px. Es decir, la gran mayoría de teléfonos inteligentes.

- ▼ **sm** (small). Pantallas con ancho inferior a 992 px. Si se ha definido la clase *xs* y el tamaño es inferior a 768 px, entonces se aplicará esa clase.

- ▼ **md** (medium). Pantallas entre 992 px y 1200 px. Este rango representa la mayoría de los navegadores de escritorio.

- ▼ **lg** (large). Pantallas muy grandes con ancho superior a 1200 px. Normalmente son grandes pantallas de alta definición.

En Bootstrap, el contenido se organiza en filas (clase row) y dentro de estas filas crearemos columnas con los tamaños deseados. Veamos un ejemplo:

```
<div class="row">
  <div class="col-xs-12 col-sm-6 col-md-8">
    12 cols smartphone, 6 tablet, 8 PC
  </div>
  <div class="col-xs-6 col-md-4">
    6 cols smartphone (y tablet), 4 PC</div>
</div>
```

En las Figuras 3.10, 3.11 y 3.12 puedes comprobar el resultado de visualizarlo en distintos tipos de dispositivos. Para la simulación de teléfono inteligente y tableta hemos utilizado el emulador que viene incorporado en las herramientas de Google Chrome.

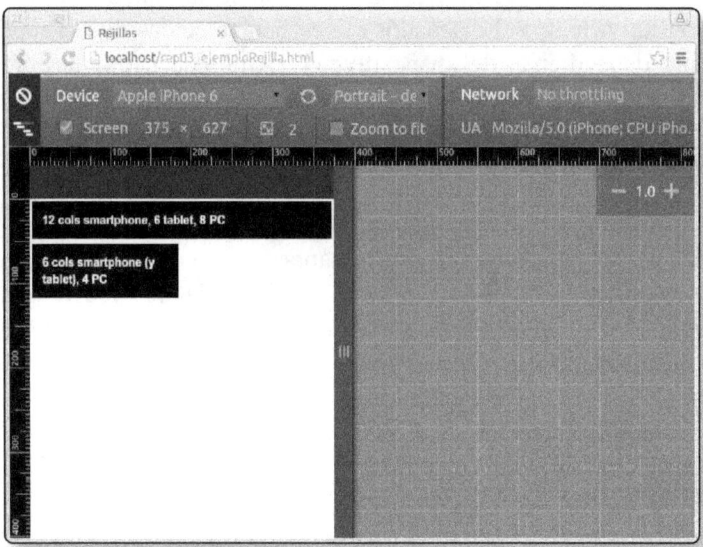

3.10. Ejemplo de rejilla en tamaño xs

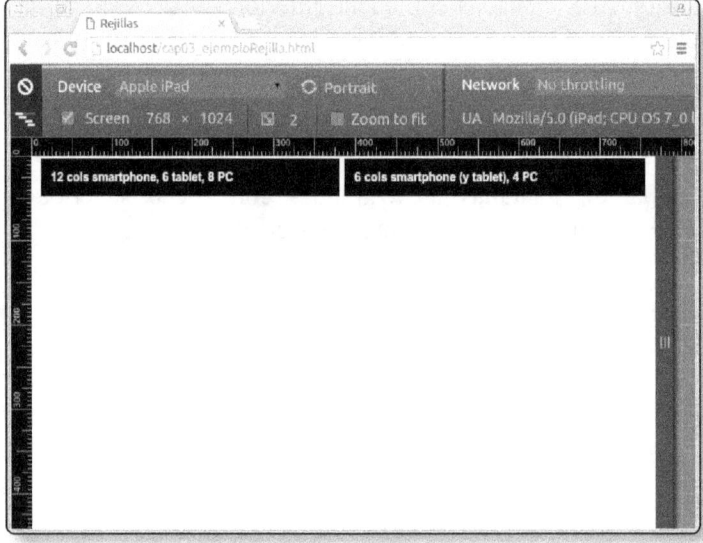

3.11. Ejemplo de rejilla en tamaño sm

3.12. Ejemplo de rejilla en tamaño md

La "magia" detrás de este tipo de diseño que nos permite cambiar propiedades CSS dependiendo de las características del dispositivo son las **media queries**. Pasemos a estudiarlas.

3.9 MEDIA QUERIES

Una **media query** permite utilizar las reglas de las hojas de estilo dependiendo de las características del medio (características como su ancho, alto y color). Añadidas en CSS3, las *media queries* dejan que la presentación del contenido se adapte a un rango específico de dispositivos de salida sin tener que cambiar el contenido en sí, y son la base del diseño adaptativo.

Existen dos formas de utilizarlas. Por un lado, podremos importar una hoja de estilo u otra dependiendo de las características del medio. O si no, podremos elegir qué reglas aplicar dentro de una misma hoja de estilo.

3.9.1 Importación condicional de hojas de estilo

Podemos utilizar las *media queries* para elegir distintas CSS dependiendo del medio o características del mismo. Actualmente solo existen dos medios admitidos: `screen` (navegador) o `print` (impresora). De esta forma podremos cambiar completamente el estilo de la web cuando vayamos a imprimirla. Es tan sencillo como añadir el atributo `media` en el elemento `link`.

```
<link rel="stylesheet" media="screen" href="navegador.css">

<link rel="stylesheet" media="print" href="impresora.css">
```

También podemos indicar condiciones sobre el tipo de medio. Por ejemplo, en este caso indicamos que la hoja de estilo se cargará cuando el medio tenga una anchura menor que 800 px.

```
<link rel="stylesheet" media="(max-width: 800px)" href="tableta.css" />
```

3.9.2 Reglas @media

Las reglas *@media* nos permiten indicar sobre qué tipo de medio deben aplicarse ciertas reglas CSS. La sintaxis general es:

```
@media [mediatype and] (media feature) {
    CSS-Code;
}
```

Ya hemos visto que los *mediatype* permitidos actualmente son *screen* y *print*. Podemos indicarlo explícitamente u omitirlo. A continuación, las *media feature* nos permiten indicar las características del dispositivo. Podemos utilizar los operadores lógicos *and*, *not* y *only*. Veamos unos ejemplos:

```
@media (min-width: 700px) { ... }
@media (min-width: 700px) and (orientation: landscape) { ... }
@media screen and (min-width: 700px) and (orientation: landscape) { ... }
```

Existen distintas *media feature* que nos permiten, principalmente, especificar el tamaño del dispositivo, su orientación o resolución, así como el número de colores. Las más destacadas son:

- `aspect-ratio, min-aspect-ratio, max-aspect-ratio`: ancho/alto (exacto, mínimo o máximo) del dispositivo.

- `color-index`: número de colores que el dispositivo puede mostrar.

- `width, min-width, max-width`: ancho (exacto, mínimo o máximo) disponible.

- `height, min-height, max-height`: alto (exacto, mínimo o máximo) disponible.

- `orientation`: orientación `landscape` o `portrait`.

3.10 DISEÑO ADAPTATIVO CON MEDIA QUERIES

Ahora que ya sabemos qué son las *media queries* podemos entender cómo hacer diseños adaptativos. Para ello veamos dos ejemplos, uno con el modelo flexible y otro con el modelo de rejilla

3.10.1 Diseño adaptativo con modelo flexible

Crear un diseño adaptativo con el modelo flexible es muy fácil. Sobre todo debemos aprovechar la posibilidad de reordenar los elementos que nos ofrece esta opción. En el siguiente ejemplo partimos de una disposición a tres columnas con la barra de navegación, contenido principal y barra lateral que puedes observar en la Figura 3.13. Cuando el tamaño del navegador sea menor que 640 px pasaremos a una disposición en una única columna (Figura 3.14). El código es el siguiente (fíjate en la reordenación de los elementos):

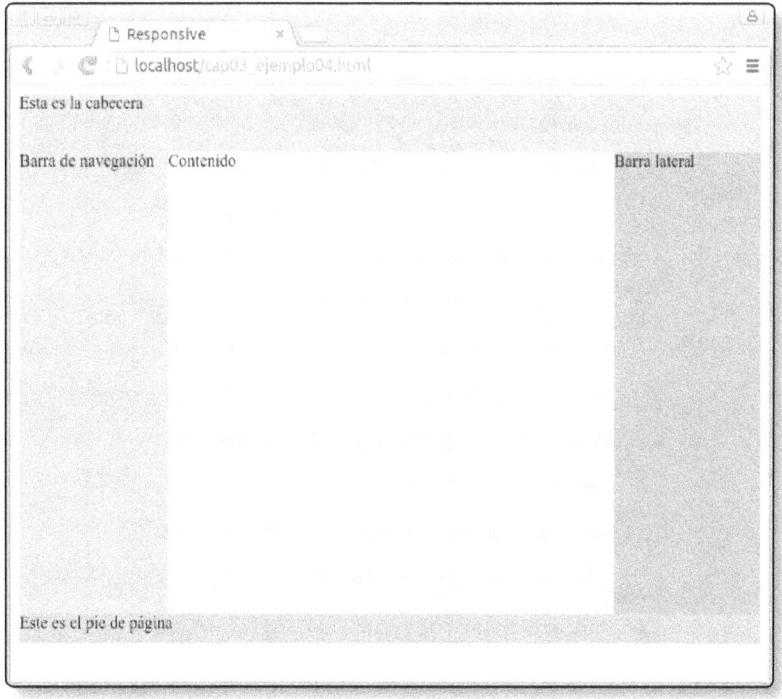

3.13. Ejemplo de diseño adaptativo con modelo flexible. Ancho mayor que 640 px

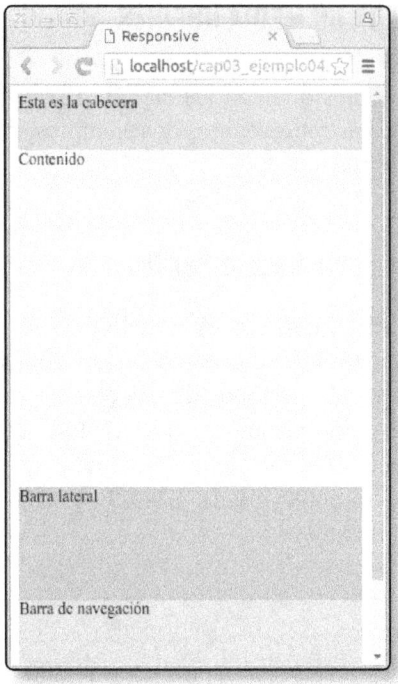

3.14. Ejemplo de diseño adaptativo con modelo flexible. Ancho menor que 640 px

```
<html>
    <head>
        <title>Responsive</title>
        <meta charset="utf-8"/>
        <link rel="stylesheet" type="text/css" href="cap03_ejemplo04.css" />
    </head>
    <body>
        <header>Esta es la cabecera</header>
        <div id="principal">
            <article>Contenido</article>
            <aside>Barra lateral</aside>
            <nav>Barra de navegación</nav>
        </div>
        <footer>Este es el pie de página</footer>
    </body>
</html>
```

La CSS correspondiente (cap03_ejemplo045.css) sería

```css
header {
    height: 10%;
    background-color: lightblue;
}

#principal {
    display: flex;
    flex-flow: row;
    align-items: stretch;
    min-height: 80%;
}

nav {
    background-color: lightgray;
    flex: 1 6 20%;
    order: 1;
}

article {
    background-color: lemonchiffon;
    flex: 3 1 60%;
    order: 2;
}

aside {
    background-color: lightsalmon;
    flex: 1 6 20%;
    order: 3;
}

footer{
    background-color: lightgreen;
    height: 5%;
}

@media all and (max-width: 640px) {

    #principal  {
        flex-flow: column;
    }

    article{
        order: 1;
    }
    aside{
        order: 2;
    }
    nav{
        order: 3;
    }
}
```

3.10.2 Diseño adaptativo con modelo de rejilla

Veamos cómo hacer lo mismo con el modelo de rejilla. La principal limitación es que no podemos reordenar los elementos. Veamos cómo sería el código HTML y CSS para utilizar una rejilla tipo Bootstrap (de hecho, el código CSS está sacado del propio Bootstrap).

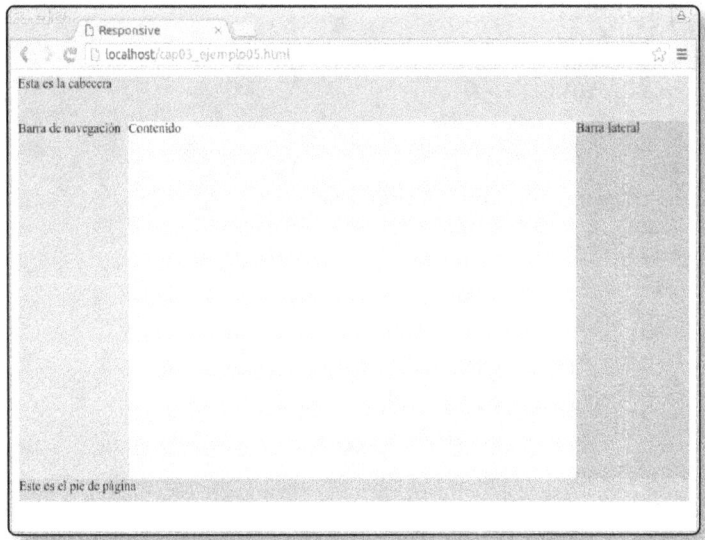

3.15. Ejemplo de diseño adaptativo con modelo de rejilla. Ancho mayor que 768 px

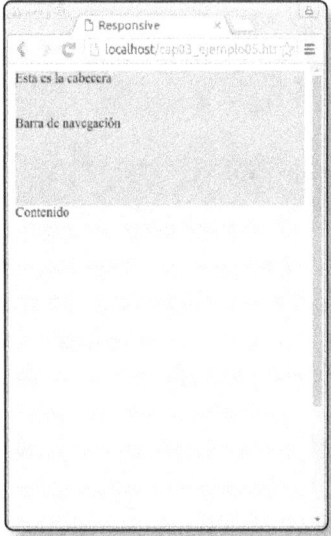

3.16. Ejemplo de diseño adaptativo con modelo de rejilla. Ancho menor que 768 px

```html
<html>
    <head>
        <title>Responsive</title>
        <meta charset="utf-8"/>
        <link rel="stylesheet" type="text/css" href="cap03_ejemplo05.css" />
    </head>
    <body>
        <div class="row">
            <header class="col-xs-12 col-sm-12">
                Esta es la cabecera
            </header>
        </div>
        <div class="row" id="principal">
            <nav class="col-xs-12 col-sm-2">
                Barra de navegación
            </nav>
            <article class="col-xs-12 col-sm-8">
                Contenido
            </article>
            <aside class="col-xs-12 col-sm-2">
                Barra lateral
            </aside>
        </div>
        <div class="row">
            <footer class="col-xs-12 col-sm-12">
                Este es el pie de página
            </footer>
        </div>
    </body>
</html>
```

Utilizamos la clase `col-xs-12` para indicar que en tamaño pequeño el elemento ocupe las 12 columnas (mira la Figura 3.16). Y a continuación las clases `col-sm-12`, `col-sm-8` y `col-sm-2` para que ocupen 12, 8 y 2 columnas respectivamente en un tamaño más grande (Figura 3.15). La CSS que utilizamos está copiada de Bootstrap pero eliminando las clases que no son necesarias. He dejado el cambio de tamaño pequeño a grande en 768 px.

```css
header {
    height: 10%;
    background-color: lightblue;
}

#principal {
    min-height: 80%;
}
```

```css
nav {
    background-color: lightgray;
    height: 20%;
}

article {
    background-color: lemonchiffon;
    min-height: 80%
}

aside {
    background-color: lightsalmon;
    height: 20%;
}

footer{
    background-color: lightgreen;
    height: 5%;
}

.row:after {
    clear: both;
}

.col-xs-12 {
  float: left;
  width: 100%;
}

@media (min-width: 768px) {
  .col-sm-2, .col-sm-8, .col-sm-12 {
    float: left;
  }
  .col-sm-12 {
    width: 100%;
  }
  .col-sm-8 {
    width: 66.66666667%;
  }
  .col-sm-2 {
    width: 16.66666667%;
  }

  nav, aside {
    height: 80%;
  }
}
```

3.11 PREPROCESADORES CSS

Un problema muy común en las hojas de estilo es que muchos valores se repiten constantemente. Por ejemplo, al diseñar una web se elige una paleta de dos o tres colores que se utilizarán para dar formato a los distintos elementos HTML (de paso aprovecho esta frase para aconsejarte la guía de Google para seleccionar la paleta de colores que encontrarás en: *https://www.google.com/design/spec/style/color.html*). Esto implica que tenemos que repetir los mismos códigos de color una y otra vez a lo largo de toda la hoja de estilos. Por ejemplo, en el siguiente código vemos que el color #c0392b se repite constantemente porque es el color principal del diseño:

```css
.do-container {
    margin: 2em 1em;
    background-color: #e1e1e1;
    padding: 1em;
    border-radius: 15px;
    border-color: #c0392b;
    border-width: 1px;
}
#tableOfContents {
    list-style: none;
    border-left: 2px solid #c0392b;
}
a {
    color: #c0392b;
}
```

Es fácil imaginar lo complicado que sería cambiar este valor en una CSS de miles de líneas si decidiésemos utilizar otro color. Lo ideal sería poder definir variables y utilizarlas dentro de la CSS. Algo así:

```css
@colorPrincipal = #c0392b;

.do-container {
    margin: 2em 1em;
    background-color: #e1e1e1;
    padding: 1em;
    border-radius: 15px;
    border-color: @colorPrincipal;
    border-width: 1px;
}
#tableOfContents {
    list-style: none;
    border-left: 2px solid @colorPrincipal;
```

```
}
a {
    color: @colorPrincipal;
}
```

Esta forma de definir las CSS tiene muchas ventajas. Entre otras, nos permite personalizar muy fácilmente nuestra hoja de estilo. Pero claro, el estándar CSS no soporta este tipo de añadidos. Lo que sí podemos hacer es escribir nuestra CSS utilizando todas estas mejoras y luego convertirla automáticamente en una CSS válida sustituyendo las variables por sus valores reales. Es decir, generar automáticamente la CSS con todos los valores repetidos donde corresponde.

Debido a la utilidad de esta aproximación han surgido numerosas aplicaciones que nos permiten crear CSS mejoradas y luego convertirlas a CSS válidas. Se las denomina **preprocesadores CSS**. De esta forma, los preprocesadores CSS son aplicaciones que generan hojas de estilo a partir de cierto tipo de archivos con algunas de las ventajas de un lenguaje de programación común, como el uso de variables, funciones, condiciones, la posibilidad de hacer cálculos matemáticos; además, te permiten utilizar una sintaxis mucho más sencilla e intuitiva.

Como no existe un estándar claro para este tipo de preprocesadores CSS hay distintas alternativas, cada una con sus ventajas e inconvenientes. Sin embargo, podemos decir que los tres más populares son Sass, LESS y Stylus.

Sass funciona con Ruby, el cual viene preinstalado en Mac; sin embargo, en Windows necesitarás instalar Ruby para poder empezar a usar Sass. Por otro lado, para poder emplear Sass tendrás que recurrir a la terminal o a la línea de comandos, lo que vuelve algo complicada la tarea. Existen varias herramientas visuales para facilitar este proceso, pero, en general, tienen un costo.

En el caso de **LESS**, al estar escrito en JavaScript, la instalación es tan sencilla como importar la librería de JavaScript a tu documento HTML. También existen algunas herramientas, muchas de ellas gratuitas, que ayudan a compilar tus archivos escritos en LESS. Otra característica muy importante es que durante el desarrollo podemos utilizar la librería de LESS para que genere *al vuelo* la CSS válida.

Para instalar **Stylus** necesitamos NodeJS, el cual tiene su propio proceso de instalación. Al igual que Sass, requiere trabajo desde línea de comandos para instalar y compilar documentos. Por otro lado, las herramientas visuales que facilitan esta tarea son más escasas que en sus dos competidores.

La sintaxis de estas herramientas es similar. A la hora de elegir una de ellas, yo recomiendo **LESS**, ya que es muy fácil de utilizar por escrita en lenguaje JavaScript.

3.11.1 Instalando LESS

En esta herramienta crearemos archivos `.less` donde tendremos nuestras reglas CSS mejoradas. Luego, al incluir el JavaScript de LESS en nuestro HTML, se encargará de transformar ese archivo `.less` en un `.css` válido y de incluirlo automáticamente en la página. De esta forma, podemos realizar la traducción, denominada normalmente "compilación", según se carga la página. Obviamente, la compilación *al vuelo* debe usarse solo durante el desarrollo, ya que supone una sobrecarga adicional en los tiempos de carga de la página web. Cuando tengamos nuestro `.less` definitivo deberemos generar el `.css` válido y añadirlo directamente.

Para añadir un fichero LESS en nuestra página y que se traduzca automáticamente utilizaremos las siguientes líneas en la cabecera HTML:

```
<link rel="stylesheet/less" type="text/css" href="miestilo.less" />
<script src="less.js" type="text/javascript"></script>
```

En este caso queremos incluir el fichero `miestilo.less`. Lo hacemos indicando que es una hoja de estilos LESS con `rel="stylesheet/less"`. A continuación cargamos la librería JavaScript de LESS `less.js`, que convertirá `miestilo.less` en una CSS válida y la incluirá en la página.

Ahora que ya sabes cómo utilizarlo, veamos qué mejoras ofrece respecto a las hojas de estilo estándar.

3.11.2 Variables

Ya hemos visto un ejemplo de variable para definir un color. Las variables se definen mediante el símbolo @ en LESS (en SASS se utiliza $):

```
@colorPrincipal: #ABABAB;
@anchoSitio: 1024px;
@estiloBorde: dotted;

body {
  color: @colorPrincipal;
  border: 1px @estiloBorde @colorPrincipal;
  max-width: @anchoSitio;
}

button {
  background-color: @colorPrincipal;
}
```

3.11.3 Mixins

Los *mixins* permiten que una regla CSS herede todas la declaraciones de otra. En el siguiente ejemplo queremos que los elementos p, ul y ol incluyan todas las declaraciones de .bloque y así ahorrarnos el tener que escribirlas en cada uno de esos elementos.

```
.bloque {
  margin: 10px 5px;
  padding: 2px;
}

p {
  . bloque; /* Hereda estilos de '.bloque' */
  border: 1px solid #EEE;
}
ul, ol {
  .bloque; /* Hereda estilos de '.bloque' */
  color: #333;
  text-transform: uppercase;
}
```

También podemos utilizar los *mixins* con parámetros que permitan configurarlos. En el siguiente ejemplo definimos un *mixin* error donde el ancho de borde es configurable. Si no se indica nada, su valor será 2px. A continuación, el .error-generico llama al *mixin* para heredar todas esas declaraciones, y, como no se indica nada, @anchoBorde mantiene el valor por defecto. Sin embargo, en .error-login llamamos al *mixin* pero cambiando esa variable a 5px.

```
@mixin error(@anchoBorde: 2px) {
  border: @anchoBorde solid #F00;
  color: #F00;
}

.error-generico {
  padding: 20px;
  margin: 4px;
  .error(); /* Aplica los estilos del mixin error */
}

.error-login {
  left: 12px;
  position: absolute;
  top: 20px;
  .error(5px); /* Aplica los estilos del mixin error pero
                  cambiando la variable @anchoBorde a 5px*/
}
```

3.11.4 Código anidado

Un problema común al generar hojas de estilo CSS surge cuando se tienen múltiples elementos con el mismo padre. Al final resulta muy tedioso tener estar escribiendo el nombre del objeto padre una y otra vez:

```
section {
margin: 10px;
}
section nav {
height: 25px;
}
section nav a {
color: #0982C1;
}
section nav a:hover {
text-decoration: underline;
}
```

Para solucionarlo podemos escribir los selectores de los hijos dentro del elemento padre. Además, se permite utilizar el símbolo & para referirse al mismo. Veamos cómo quedaría el ejemplo anterior:

```
section {
  margin: 10px;
  nav {
    height: 25px;
    a {
      color: #0982C1;
      &:hover { //el símbolo & representa el selector a
        text-decoration: underline;
      }
    }
  }
}
```

3.11.5 Funciones de colores

Las funciones de colores sirven para transformar el color en el momento de la compilación. Son bastante útiles para crear degradados, oscurecer un botón al pasar el ratón, etc.

```
lighten(@color, 10%);   /* devuelve un color 10% más claro que @color */
darken(@color, 10%);    /* devuelve un color 10% más oscuro que @color */

saturate(@color, 10%);   /* devuelve un color 10% más saturado que @color */
desaturate(@color, 10%); /* devuelve un color 10% menos saturado que @color */

spin(@color, 10);    /* devuelve un color 10% más de tono que @color */
spin(@color, -10);   /* devuelve un color 10% menos de tono que @color */

mix(@color1, @color2);  /* devuelve un color mezcla de ambos */
```

3.11.6 Operaciones

Tanto SASS como LESS y Stylus permiten resolver operaciones matemáticas de la misma forma. La principal diferencia es que LESS es menos restrictivo a la hora de permitir operaciones entre distintas unidades. Por ejemplo, en LESS esta operación es válida (aunque no tengamos claro que tenga sentido):

```
100px + 2em = 102px
```

Veamos un ejemplo:

```
body {
  margin: (14px/2);
  top: 50px + 100px;
  right: 100px - 50px;
  left: 10 * 10;
}
```

3.11.7 Media queries

Un problema a la hora de utilizar *media queries* es que tenemos distintas definiciones de la misma clase en distintos puntos del archivo CSS. Por ejemplo:

```
.contenedor{
    width: 75%;
}

@media (max-width: 800px) {
  .contenedor{
      width: 100%;
  }
}
```

Con los preprocesadores es posible anidar las *media queries* dentro de la clase:

```
.contenedor{
   width: 75%
   @media (max-width: 800px) {
       width: 100%
   }
}
```

Ahora que ya conoces todos los secretos de CSS podrás aplicar el formato que quieras a tu página web. El siguiente paso es conseguir interacción con el usuario y para eso debes conocer JavaScript y JQuery.

4

LA INTERACCIÓN: JAVASCRIPT Y JQUERY

Hasta ahora hemos estudiado las dos tecnologías básicas para crear un sitio web —HTML, que nos permite definir el contenido; y CSS, que nos permite darle formato—, solo nos falta la tercera tecnología fundamental para el desarrollo web del lado del cliente: **JavaScript**. Esta tecnología posibilita la **interacción** con el usuario. La estandarización de JavaScript con HTML5 en todos los navegadores nos permite crear innumerables tipos de aplicaciones web que pueden ejecutarse en cualquier plataforma (tanto de escritorio como móvil).

Actualmente, muchos desarrolladores utilizan librerías que facilitan la programación en JavaScript. Sin duda, la más popular es JQuery, que estudiarás en este capítulo. JQuery facilita —entre otras cosas— la utilización de AJAX. AJAX, acrónimo de *asynchronous JavaScript and XML* (JavaScript asíncrono y XML), es una técnica de desarrollo web para crear aplicaciones interactivas o RIA (*rich Internet applications*). Estas aplicaciones se ejecutan en el cliente, es decir, en el navegador de los usuarios, mientras se mantiene la comunicación asíncrona con el servidor en segundo plano. De esta forma es posible realizar cambios sobre las páginas sin necesidad de recargarlas, mejorando la interactividad, velocidad y usabilidad en las aplicaciones.

También podemos utilizar las nuevas posibilidades de HTML5 y JavaScript para programar distintas aplicaciones multimedia que se ejecutan en el navegador. Por ejemplo, en la actualidad existen numerosas librerías para desarrollar videojuegos con JavaScript, como Phaser (*http://phaser.io*) o Construct2 (*https://www.scirra.com/construct2*).

La otra gran aportación de JavaScript es la posibilidad de crear aplicaciones para los distintos dispositivos móviles. Si analizamos las necesidades de las aplicaciones para dispositivos móviles, nos daremos cuenta de que la gran mayoría de ellas no necesita acceder a capacidades del dispositivo tales como almacenamiento, GPS, etc. Lo único que hacen es obtener datos del servidor y mostrarlos al usuario (piensa, por ejemplo, en la *app* de un periódico). Esa funcionalidad puede implementarse muy fácilmente con HTML5 y JavaScript. Luego, mediante hojas de estilo CSS podemos darle la apariencia de una aplicación nativa del dispositivo. De esta forma no necesitamos mantener distintas aplicaciones programadas con el lenguaje nativo de cada plataforma, ya que cada una (iOS, Android, Windows…) utiliza una tecnología distinta. Si podemos crear una *app* con HTML5, CSS y JavaScript, no gastaremos recursos en el mantenimiento de las distintas versiones. Lo único que tenemos que hacer es "empaquetar" la página web que hace de *app* y distribuirla en las distintas tiendas *online*. Para ello también hay distintas librerías como Apache Cordova (*https://cordova.apache.org/*) que nos permiten distribuir aplicaciones web como si fuesen aplicaciones nativas de cada dispositivo móvil. En realidad, lo único que hacen es invocar al navegador en pantalla completa cargando nuestra aplicación web. Esta posibilidad también nos va a permitir distribuir los juegos creados con JavaScript para las distintas plataformas móviles.

Por tanto, gracias a JavaScript y a las distintas librerías que lo enriquecen podrás crear cualquier tipo de aplicación web interactiva, además de desarrollar videojuegos fácilmente, y distribuirlo todo en cualquier plataforma.

4.1 INCLUIR JAVASCRIPT EN UN DOCUMENTO HTML

De forma similar a como hacíamos con los ficheros CSS, para incluir JavaScript dentro de nuestro código tenemos las siguientes opciones:

- ▶ Incluir el código dentro de los elementos HTML, generalmente para manejar eventos o para escribir código dentro de la página (**no recomendado**)

    ```
    <input type="button" value="Pulse este botón"
    onclick="alert('¡Has pulsado el botón!');">
    ```

- ▶ Incluir el código con elementos `<script>` en cualquier parte del documento. Aunque lo hemos hecho en los ejemplos anteriores, **no se recomienda** utilizar esta opción. El elemento `<noscript>` ayuda a introducir contenido alternativo que aparecerá en caso de que el navegador no permita ejecutar código JavaScript.

```
<script type="text/javascript">
  //Código JavaScript
</script>
<noscript>
  <p>Esta página requiere el uso de JavaScript.
  Por favor compruebe la configuración de su navegador.</p>
</noscript>
```

▼ La opción **más recomendable** es incluir en cualquier parte del documento una referencia a un archivo externo con extensión .js. Al igual que en el caso anterior, podemos utilizar el elemento `<noscript>`.

```
<script type="text/javascript" src="./js/miJavascript.
js"></script>
```

Cuando descargamos alguna librería JavaScript es normal encontrarnos con un fichero terminado en .min.js. Esto quiere decir que el código javascript está **minimizado**. La minimización consiste en eliminar todos los espacios en blanco del archivo e intentar acortar los nombres de variables y funciones al máximo. La funcionalidad del código es exactamente la misma pero ocupa mucho menos y así su descarga en el navegador es bastante más rápida.

Otra consecuencia de la *minimización* es que el código resultante es muy difícil de entender y, por tanto, de plagiar. Por eso esta técnica se utiliza también por motivos de seguridad y para evitar que cualquiera pueda copiarnos el código desarrollado. Puedes encontrar fácilmente numerosas herramientas *online* para minimizar tus ficheros JavaScript.

4.2 DESARROLLO

Google Chrome proporciona una completa consola de desarrollo en JavaScript junto con las otras herramientas que ya hemos visto para analizar el contenido HTML y las CSS que se están aplicando actualmente a un elemento. Esta consola se muestra en la opción de **Herramientas para Desarrolladores**. Es importante activar una opción de la consola para evitar comportamientos anómalos durante el desarrollo: con la consola abierta, hay que pulsar en el botón de **Configuración** (con el icono de tres puntitos que aparece a la derecha en la imagen) y, en el apartado **General**, activar la opción **Disable cache (while DevTools is open)** (véase la Figura 4.1).

4.1. Consola de desarrollo de Google Chrome

Prueba a ejecutar tu primera línea de código en JavaScript. Dentro de la consola escribe:

```
alert("Mi primer código en JavaScript")
```

El navegador mostrará una ventana de aviso con el texto indicado que puedes ver en la Figura 4.2.

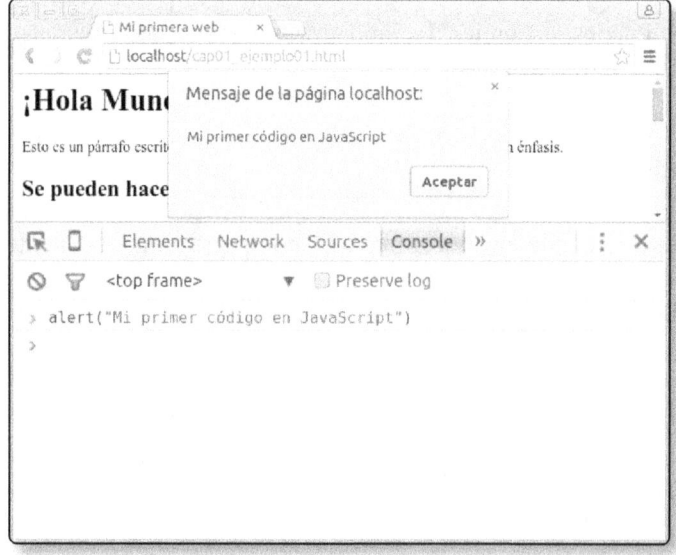

4.2. Mi primer ejemplo de JavaScript

4.3 SEGURIDAD

Por seguridad, los programas creados en JavaScript solo se pueden ejecutar dentro del navegador y con ciertas limitaciones:

- ▶ No pueden comunicarse con recursos que cuya URL no tenga el mismo dominio, puerto y protocolo desde el que se descargó el *script* (esto es lo que se conoce como política *same-origin* (*https://developer.mozilla. org/en-US/docs/Web/JavaScript/SameoriginpolicyforJavaScript*) y que da origen a los problemas de *cross-domain*).

- ▶ No pueden cerrar ventanas que no hayan abierto esos mismos *scripts*.

- ▶ No pueden acceder al sistema de ficheros, ni para leer ni para escribir (este es el principal motivo por el que necesitamos utilizar un servidor web para desarrollar nuestros sitios web).

- ▶ No pueden acceder a las preferencias del navegador.

- ▶ Si la ejecución de un *script* dura demasiado tiempo, el navegador informa al usuario de que el *script* está consumiendo demasiados recursos y le da la posibilidad de detener su ejecución.

4.4 CONCEPTOS BÁSICOS DE JAVASCRIPT

Un programa en JavaScript es una secuencia de sentencias u órdenes separadas por punto y coma (;). Aunque no es obligatorio, es muy recomendable ser estrictos con esto ya que si no escribimos nosotros los puntos y comas (;) será el intérprete quien los escriba (y puede cometer errores).

JavaScript distingue entre mayúsculas y minúsculas, por lo que las palabras `while` y `WHILE` no representan lo mismo dentro del lenguaje (la primera es una palabra reservada, la otra no). JavaScript ignora espacios en blanco, tabuladores y saltos de línea entre palabras reservadas pero es conveniente utilizar sangrado para que los *scripts* sean más legibles. Por último, se pueden poner comentarios que ocupan una línea (comenzando por // hasta el final de línea) o varias líneas (entre /* y */).

4.4.1 Variables y expresiones

Las variables son posiciones de memoria en las que guardamos información que puede ser utilizada dentro del *script*. Las variables se pueden declarar explícitamente con la palabra reservada var y su nombre puede contener letras o dígitos y empezar por guión bajo (_). Para asignar un valor a una variable se usa el operador de igualdad (=). Se puede utilizar tanto al declarar la variable (esto se llama *inicializar* una variable) como en cualquier otro momento:

```
var x,y;   // x e y están sin inicializar
var cadena = "miCadena";
cadena = "otra cadena";
var a = 0;
```

Además de la expresión de asignación anterior, existen otras muchas expresiones creadas mediante combinaciones de operadores:

```
var a = 3+2;          // a vale 5
a+=6;                 // a vale 11 (5+6)
var b = a * 7;        // b vale 77 (11*7)
a < b;                // true (verdadero)
a >= b;               // false (falso)
```

Los operadores == y != hacen, si es necesario, conversiones de números a cadenas, mientras que === y !== exigen que los valores sean del mismo tipo para considerar que son iguales. Prueba a escribir las siguientes expresiones en la consola de Google Chrome:

```
5 ==  "5"
5 ==="5"
```

En el primer caso, el intérprete de JavaScript devuelve true (verdadero) porque hace la conversión de la cadena de texto "5" a número. Por eso la comparación es cierta. Sin embargo, el operador === no hace esa conversión y la expresión es falsa. Hay algunos operadores más en JavaScript, pero con estos nos bastará.

4.4.2 Entrada y salida del usuario con el navegador

Más adelante veremos que podemos interactuar con el contenido HTML del navegador para recoger información de usuario y modificar dicho HTML. De momento y con el fin de hacer pruebas podemos utilizar las siguientes instrucciones:

▼ **var x = prompt("Texto a escribir")**: muestra una ventana en la que el usuario puede escribir un texto. Tras pulsar en **Aceptar**, la cadena escrita se guarda en x (podemos poner cualquier nombre a la variable).

▼ `console.log("Mensaje")`: escribe en la consola de JavaScript el mensaje indicado. También puede ser el contenido de una variable o el resultado de una expresión.

▼ `alert("Mensaje")`: muestra una ventana emergente con el mensaje indicado. Al igual que antes, también puede ser el contenido de una variable o el resultado de una expresión.

Para practicar prueba el siguiente código en la consola de Chrome:

```
var nombre = prompt("Dime tu nombre");
console.log("Tu nombre es: "+ nombre );
alert("Hola "+nombre);
```

El navegador te presentará una ventana para que introduzcas tu nombre. A continuación se mostrará por la propia consola y con una ventana. Puedes ver el resultado en la Figura 4.3.

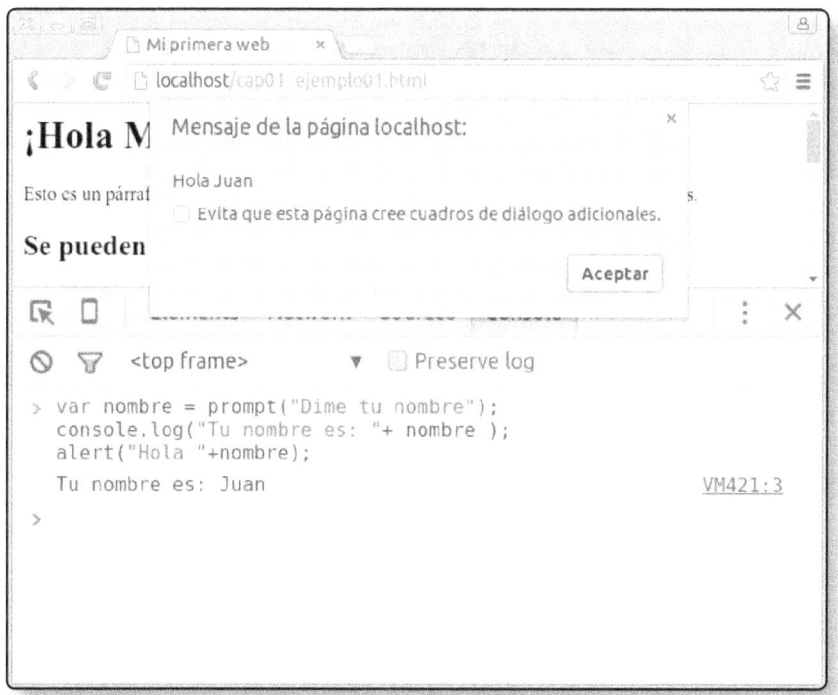

4.3. Ejemplo de entrada/salida

4.4.3 Control de flujo

Hay instrucciones especiales que nos permiten cambiar el flujo de la ejecución de las instrucciones. Las más importantes son las siguientes:

4.4.3.1 INSTRUCCIONES CONDICIONALES

Las instrucciones condicionales nos permiten decidir si ejecutamos un conjunto de instrucciones u otras en función del resultado de una expresión booleana:

```
if ( /* Condición */) {
    // Instrucciones a ejecutar si la condición
    // se evalúa a true
}
else {
    // Instrucciones a ejecutar si la condición
    // se evalúa a true
}
```

Podemos encadenar instrucciones condicionales usando `else if`. Veamos un ejemplo de un programa que nos pregunta un número y nos indica si es el mismo que el programa "había pensado":

```
var adivinar = 50;
var numeroUsuario = prompt("Adivina qué número estoy pensando");
if (numeroUsuario==adivinar) {
    alert("Has acertado");
}
else if (adivinar < numeroUsuario) {
    alert("Lo siento mi número era menor");
}
else {
    // Si no es igual ni menor entonces es mayor
    alert("Lo siento mi número era mayor");
}
```

También existe la estructura condicional simple, usada para instrucciones condicionales muy pequeñas.

```
var variable = /* Condición */ ? /* Valor para true */ : /* Valor para false */;
```

Por ejemplo, para calcular cuál es el mayor de dos números:

```
var max = (num1 > num2) ? num1 : num2;
```

Podemos utilizar otra instrucción condicional:

```
switch(/* expresión /) {
    // La expresión devuelve un número, una cadena o un valor lógico
    case valor1:
        // Instrucciones valor1
        break;
    case valor2:
        // Instrucciones valor2
        break;
    default:
        // Opcional: Instrucciones que se hacen si no se cumple
        // ninguno de los demás casos.
}
```

Por ejemplo, para escribir el número de días de un mes:

```
var mes = prompt("Dime un mes");
switch(mes) {
    case "enero":
    case "marzo":
    case "mayo":
    case "julio":
    case "agosto":
    case "octubre":
    case "diciembre":
        alert("El mes tiene 31 días");
        break;
    case "abril":
    case "junio":
    case "septiembre":
    case "noviembre":
        alert("El mes tiene 30 días");
        break;
    case "febrero":
        alert("El mes tiene 28 días");
        break;
    default:
        alert("Mes desconocido");
}
```

4.4.3.2 BUCLES

Las instrucciones de bucle sirven para repetir la ejecución de un bloque de instrucciones mientras se cumple una determinada condición. Existen distintas instrucciones de bucle:

La instrucción `while` se usa para repetir un bloque de instrucciones un número de veces indefinidas mientras se cumpla una condición. Puede que el bloque de instrucciones no llegue a ejecutarse.

```
while( /* Condición */) {
    // Bloque de instrucciones
    // Se ejecutan mientras condición === true
}
```

Por ejemplo:

```
var adivinar = 50;
var numeroUsuario = prompt("Adivina qué número estoy pensando");

while (numeroUsuario != adivinar) {
    if (adivinar < numeroUsuario) {
        alert("Lo siento mi número era menor");
    }
    else {
        alert("Lo siento mi número era mayor");
    };
    numeroUsuario = prompt("Adivina qué número estoy pensando");

}
// Si estoy fuera del bucle es porque el usuario ha adivinado
el número
alert("Has acertado");
```

Otra instrucción fundamental es `for`. Permite crear un bucle donde el bloque de instrucciones se va a ejecutar un número de veces predeterminado.

```
for (inicialización; condición; actualización) {
    // Instruciones a repetir
}
```

Existe al menos una variable que se inicializa la primera vez que se ejecuta el bucle de acuerdo a `inicialización`, que se actualiza de acuerdo a `actualización` y que se utiliza en `condición` para determinar cuándo dejamos de ejecutar el bucle. Al igual que en los anteriores, el bucle se ejecuta mientras `condición` se evalúe a `true`.

```
var i;
var n = 10;
alert("Contemos hasta "+n);
for (i=1; i<=n; i++) {
    alert(i);
};
```

4.4.3.3 FUNCIONES

Hay bloques de código que necesitaremos ejecutar repetidas veces en distintas partes de nuestro código. Para poder reutilizar estos bloques se usan las *funciones*.

La sintaxis para declarar una función es la siguiente, donde podemos indicar si la función recibe parámetros para configurar su funcionamiento:

```
function nombre (param1, param2, ...) {
    /* instrucciones de la función */
}
```

Si una función devuelve un valor, utilizaremos la instrucción `return`. Para ejecutar una función solo hay que poner su nombre, seguido de los argumentos reales con los que queremos ejecutar la función. Prueba el siguiente ejemplo en la consola de Chrome. Tienes el resultado en la Figura 4.4:

```
function multiplicar(a, b) {
  var prod = 0;
  var i = 1;
  while (i <= b) {
    prod += a;
    i++;
  }
  return prod;
};

console.log(multiplicar(2, 3));
console.log(multiplicar(10, 100));
```

```
Developer Tools - http://localhost/titulo.html
  Elements  Network  Sources  Console  »
  <top frame> ▼  ☐ Preserve log
> function multiplicar(a, b) {
    var prod = 0;
    var i = 1;
    while (i <= b) {
      prod += a;
      i++;
    }
    return prod;
  };

  console.log(multiplicar(2, 3));
  console.log(multiplicar(10, 100));
  6                                              VM974:12
  1000                                           VM974:13
< undefined
> |
```

4.4. Funciones en JavaScript

Aunque aún existen otros muchos detalles del lenguaje de los que no hemos hablado, vamos a terminar esta breve referencia sobre JavaScript con dos tipos de datos muy usados: los *arrays* y las cadenas.

4.4.3.4 ARRAYS Y CADENAS

Un *array* es una colección de variables del mismo o de distinto tipo.

```
var nombre_array = [valor0, valor1, ..., valorN-1];
var sin_inicializar = new Array(5);
```

Podemos acceder a cada uno de los elementos del *array* con el operador []. Los elementos están numerados entre 0 y N-1, donde N es el tamaño del *array* (el número de elementos que almacena).

```
console.log(nombre_array[0]);
nombre_array[1] = "otro valor";
console.log(sin_inicializar[7]); // Fuera de rango: undefined
```

Existen varias operaciones adicionales que permiten sacar información y manipular *arrays*:

- `length`: devuelve el número de elementos de un *array*. Nos va a servir para recorrer *arrays* con un bucle `for`.

- `concat(otroArray)`: devuelve un *array* que concatena los elementos de varios *arrays*.

- `pop()`: elimina y devuelve el último elemento del *array*.

- `push(elemento)`: añade un elemento al final del *array*.

Prueba por ti mismo el siguiente ejemplo:

```
var lista = [12,10,4,35];
var i;
console.log(lista.length) // 4
lista = lista.concat([0,23]);
console.log(lista.length) // 6

// Ahora mostramos el contenido
for (i=0; i < lista.length; i++) {
    console.log(lista[i]+ " ");
}
```

4.4.3.5 LAS CADENAS

Las cadenas (*strings*) de JavaScript permiten realizar algunas de las operaciones que usamos sobre los *arrays*. En particular, el operador + es equivalente a `concat()`:

```
var cadena = "hola" + " mundo";
console.log(cadena[0]);  // Muestra la "h"
```

Además, las cadenas tienen sus propias funciones:

- `toUpperCase()`, `toLowerCase()`: devuelve la cadena convertida en mayúsculas/minúsculas.

- `charAt(posicion)`: similar a cadena[posicion].

- `indexOf(caracter)`, `lastIndexOf(caracter)`: devuelve la posición de la primera/última aparición de un determinado carácter o cadena. Devuelve -1 si no lo encuentra.

- `split(separador)`: devuelve un *array* con las cadenas formadas partiendo la cadena original en los lugares en los que aparece `separador`.

Veamos un ejemplo donde utilizamos estas funciones:

```
var mail = "minombre@dominio.es";
var i = mail.indexOf("@");
if (i===-1) {
    alert("Dirección de correo no válida");
}
var frase = "Una frase separada por espacios en blanco";
var palabras = frase.split(" ");
console.log("La frase tiene "+palabras.length+" palabras");
for (i in palabras) {
    console.log("Palabra "+i+" "+palabras[i]);
}
```

4.4.4 El objeto window

El objeto `window` contiene distintas propiedades y funciones que nos permiten realizar consultas sobre el estado del navegador y otros elementos dentro del mismo. Algunos de los principales elementos que contiene `window` son los siguientes:

- `console`: es el objeto utilizado para escribir por consola. Como vemos, para escribir en consola deberíamos haberlo referenciado como `window.console.log(...)`, pero no es necesario indicar que está dentro de `window`.

- `alert(msg)`: es un método que ya hemos utilizado para presentar mensajes en el navegador.

- `prompt(msg)`: es un método que solicita al usuario información mediante una línea de edición.

- `confirm(msg)`: muestra una ventana con un mensaje que solicita la confirmación del usuario.

- `window.innerHeight` y `window.innerWidth`: propiedades que nos dan información sobre el tamaño actual de la ventana.

- `setInterval`, `setTimeout`, `clearInterval`, `clearTimeout`: funciones que sirven para llamar a nuestras funciones cuando se produzcan ciertos eventos de tiempo.

- `open(url, nombre params)`, `close()`, `stop()`, `print()`: métodos para abrir o cerrar una ventana nueva del navegador, parar la carga de una página y abrir un diálogo para imprimir el documento actual.

- **screen:** es un objeto que proporciona propiedades y métodos sobre la pantalla del dispositivo en el que se está viendo el navegador, como `screen.height` y `screen.width`.

- **history:** es un objeto para acceder (de manera muy limitada) al historial del navegador.

- **location:** es un objeto que contiene la URL de la página actualmente cargada. Nos permite cargar una nueva página con `location.assign(URL)`, teniendo en cuenta la política de *same-origin*.

- **sessionStorage, localStorage e indexedDB:** objetos que nos permiten *guardar información en el navegador* (*http://www.sitepoint.com/html5-browser-storage-past-present-future/*), de modo que sea persistente a una sesión (mientras el navegador permanece abierto) o de manera permanente (mientras el usuario no borre la caché).

Si necesitas más detalles puedes encontrarlos fácilmente en la Web. Como ejercicio, haz algunas pruebas con las funciones anteriores en la consola de JavaScript. En la Figura 4.5 puedes ver el resultado de alguno de ellos:

4.5. Objeto window en JavaScript

Ahora que ya conoces los fundamentos de JavaScript, es más práctico no entrar en detalles adicionales y pasar directamente a estudiar JQuery. Esta librería va a permitirte hacer lo mismo que JavaScript, pero más fácilmente.

4.5 INTRODUCCIÓN A JQUERY

JQuery es una librería muy sencilla de JavaScript que responde a la filosofía "escribe menos, haz más". El propósito de esta librería es hacer mucho más fácil escribir código JavaScript. Para ello, permite realizar en una sola llamada tareas que requerirían varias líneas de código JavaScript. Además, simplifica muchas de las tareas más complicadas de JavaScript, como AJAX o la manipulación del DOM.

La librería JQuery nos va a permitir manipular el árbol DOM y las propiedades CSS, personalizar los eventos HTML, crear efectos o animaciones, y realizar llamadas AJAX.

4.5.1 Instalación y carga

Simplemente descarga la librería y añádela como un *script* más en tu página HTML. Puedes descargarla desde jquery.com.

```
<script src="jquery-2.1.3.min.js"></script>
```

Otra opción es utilizar alguna de las versiones alojadas tanto en los servidores de Google con en los de Microsoft (lo que se conoce como *content delivery network*):

```
<script src="https://ajax.googleapis.com/ajax/libs/
jquery/2.1.3/jquery.min.js">
</script>
```

Una vez cargada la librería, puedes añadir tu código JQuery en un fichero JavaScript separado:

```
<script src="http://ajax.googleapis.com/ajax/libs/
jquery/2.1.3/jquery.min.js">
</script>
<script src="my_codigo_jquery.js"></script>
```

Dentro de ese fichero JavaScript debes tener en cuenta que los métodos JQuery se deben ejecutar una vez que el documento esté cargado. Para ello utilizamos el evento correspondiente:

```
$(document).ready(function(){
    // Código jQuery
});
```

Estamos indicando qué código se ejecutará cuanto el documento (`$(document)`) esté cargado (`.ready()`). Existe una sintaxis reducida equivalente:

```
$(function(){
    // Código jQuery
});
```

4.5.2 Sintaxis básica

La sintaxis de JQuery es muy sencilla y, en cierto modo, bastante similar a la de CSS. Todas las llamadas se componen de un *selector* seguido por una *acción*:

```
$(selector).accion()
```

- Con el signo *$* accedemos a JQuery.
- El selector nos permite seleccionar elementos HTML.
- La acción se realiza sobre los elementos seleccionados.

Veamos unos ejemplos antes de entrar en el detalle:

```
$(this).hide()      // oculta el elemento actual
$("p").hide()       // oculta todos los elementos `<p>`
$(".test").hide()   // oculta todos los elementos con clase "test".
$("#test").hide()   // oculta todos los elementos con id "test".
```

4.6 SELECTORES

Los selectores nos permiten indicar sobre qué elementos queremos aplicar una acción. Existen distintas opciones: elemento, clase e identificador. Veámoslo.

4.6.1 Selector de elemento

Podemos seleccionar un elemento directamente según su tipo de etiqueta HTML. Por ejemplo, con la siguiente línea seleccionamos todos los elementos tipo párrafo:

```
$("p")
```

El siguiente ejemplo muestra cómo ocultaríamos todos los elementos tipo párrafo cuando el usuario pulse sobre un elemento tipo botón:

```
$(function(){
  $("button").click(function(){
    $("p").hide();
  });
});
```

4.6.2 Selector por identificador

También podemos seleccionar elementos de acuerdo a su id. Para ello utilizamos el símbolo # seguido del identificador:

```
$("#test")
```

El siguiente ejemplo ocultaría todos los elementos con id *test*:

```
$(function(){
  $("button").click(function(){
    $("#test").hide();
  });
});
```

4.6.3 Selector por clase

El selector por clase se utiliza mediante el punto (.) y nos permite elegir los elementos con un class determinado:

```
$(".test")
```

El siguiente ejemplo ocultaría todos los elementos con clase *test*:

```
$(function(){
  $("button").click(function(){
    $(".test").hide();
  });
});
```

4.6.4 Selectores en la práctica

Prueba el siguiente ejemplo que demuestra cómo seleccionar tanto por clase como por identificador o elemento.

```html
<!DOCTYPE html>
<html>
<head>
<script src="https://ajax.googleapis.com/ajax/libs/jquery/1.11.3/jquery.min.js"></script>
<script>
$(function(){
    $("#btn01").click(function(){
        $("#importante").hide();
    });
    $("#btn02").click(function(){
        $(".color").hide();
    });
    $("#btn03").click(function(){
        $("h4").hide();
    });
});
</script>
<style>
.importante {
    font-weight: bold;
    font-size: xx-large;
}
.color {
    color: #D5322D;
}
</style>
</head>
<body>

<h4>Una sección</h4>
<p class="color">Un párrafo a color</p>
<p class="color">Otro párrafo a color</p>
<p id="importante">Un párrafo importante</p>
<h4>Otra sección</h4>

<button id="btn01">Quitar elemento 'importante' </button>
<button id="btn02">Quitar elementos clase 'color'</button>
<button id="btn03">Quitar todos los encabezados de sección</button>

</body>
</html>
```

4.6.5 Más ejemplos de selectores

Existen muchos otros selectores para poder seleccionar de muy distintas formas cualquier elemento de nuestro árbol DOM. Algunos son similares a las pseudoclases de CSS. A continuación tienes una lista con ejemplos que puedes probar por ti mismo:

- `$("*")`: selecciona todos los elementos.

- `$(this)`: selecciona el elemento HTML actual.

- `$("p.intro")`: selecciona todos los elementos párrafo `<p>` con `class="intro"`.

- `$("p:first")`: selecciona el primer párrafo `<p>`.

- `$("ul li:first")`: selecciona el primer `li` del primer elemento `ul`.

- `$("ul li:first-child")`: selecciona el primer first `li` de cada `ul`.

- `$("[href]")`: selecciona todos los elementos con un atributo `href`.

- `$("a[target='_blank']")`: selecciona todos los elementos `a` con un atributo `target` cuyo valor sea "`_blank`".

- `$("a[target!='_blank']")`: selecciona todos los elementos `a` con un atributo `target` cuyo valor NO sea "`_blank`".

- `$(":button")`: selecciona todos los elementos `button` y todos los `input` de tipo "`button`".

- `$("tr:even")`: selecciona todos los elementos `tr` pares.

- `$("tr:odd")`: selecciona todos los elementos `tr` impares.

4.7 EVENTOS

El objetivo principal de los selectores es poder indicar los elementos sobre los que añadimos interacción. Lo que nos falta es configurar qué deberá ocurrir en respuesta a acciones que ejecute el usuario o en respuesta a cambios que efectúe la propia página. Estas acciones y cambios se conocen con el nombre de **eventos**. Un evento es una señal de que "algo" ha sucedido.

4.7.1 Sintaxis para utilizar los eventos

Para utilizar los eventos empleamos un selector seguido del evento que vamos a usar y, entre paréntesis, la función con el código:

```
$(selector).evento(funcion(){
    ...
    código a ejecutar
    ...
});
```

Para ir probando los distintos eventos que estudiarás a continuación partiremos del siguiente código HTML, donde definimos un formulario sencillo. Deberás ir añadiendo el código en el fichero `eventos.js`.

```html
<html>
  <head>
    <title>Pruebas con Eventos</title>
    <meta charset='utf-8'>
    <script src="https://ajax.googleapis.com/ajax/libs/jquery/1.11.3/jquery.min.js"></script>
    <script type="text/javascript" src="eventos.js"></script>
  </head>
  <body>
    <form id="formulario" action="/procesaFrom.php" method="GET">

        <label for="login">Login:</label>
        <input type="text" id="login"/>

        <label for="pass">Contraseña:</label>
        <input type="password" id="pass"/>

        <input type="submit" id="boton"/>

    </form>

  </body>
</html>
```

4.7.2 Eventos de elementos

Estos son los principales eventos que nos permiten interactuar con el usuario cuando este pasa el ratón o pulsa sobre los elementos de nuestro HTML.

Algunos de los más importantes son:

- `focus`: cuando el foco se dirige a un elemento.
- `blur`: cuando el foco deja de estar en un elemento para cambiarlo a otro elemento.
- `click`: cuando se hace clic sobre un elemento.
- `dblclick`: cuando se hace doble clic sobre un elemento.

Como ejemplo puedes añadir el siguiente código JQuery:

```
var avisa = function() {
    alert("Click");
};

$(function(){
  $("#boton").click(avisa);
});
```

4.7.3 Eventos de ratón

Se producen cuando el usuario utiliza el ratón dentro del documento HTML.

- `mousedown`: cuando se pulsa un botón del ratón.
- `mouseup`: cuando se suelta el botón del ratón.
- `mousemove`: se genera mientras se mueve el ratón.
- `mouseover`: cuando se mueve el puntero del ratón sobre un elemento (cuando entra en el elemento).
- `mouseout`: cuando el puntero del ratón abandona un elemento.

Como ejercicio, añade los siguientes eventos que cambian el tipo de letra cuanto se pasa el ratón sobre el botón:

```
var avisa = function() {
    alert("Click");
};
var entra = function() {
    this.style["font-weight"]="bold";
};
```

```
   var sale = function() {
      this.style["font-weight"]="initial";
   };

   $(function(){
     $("#boton").click(avisa);
     $("#boton").mouseover(entra);
     $("#boton").mouseout(sale);
   });
```

Si es necesario, podemos asignar a estos eventos funciones que reciben un parámetro, el cual es un objeto que contiene información sobre el evento de ratón. Las propiedades más importantes del objeto son las siguientes:

- `screenX` y `screenY` son las coordenadas del puntero del ratón con respecto a las coordenadas globales de la pantalla.

- `clientX` y `clientY` son las coordenadas del puntero del ratón con respecto a las coordenadas de la ventana del navegador.

- `button` es el número del botón que se ha pulsado (0=izquierdo, 1=central, 2=derecho). En lugar de esta se puede usar la propiedad `buttons`, que incluye otros botones tales como la rueda del ratón o los botones de avanzar y atrás del navegador.

Prueba a modificar la función `avisa` tal y como se muestra a continuación:

```
   var avisa = function(info) {
      alert("El botón pulsado es: " +
            (info.button==0 ? "izquierdo" : "otro") +
            "\nEn la posición de pantalla: " +
            info.screenX + "x" + info.screenY ) ;
   };
```

4.7.4 Eventos de teclado

Se producen cuando el usuario utiliza el teclado. Son los siguientes:

- `keydown`: cuando se pulsa una tecla.
- `keyup`: cuando se deja de pulsar una tecla.
- `keypress`: cuando se pulsa y suelta una tecla.

Si es necesario, podemos asignar a estos eventos funciones que reciben un parámetro, el cual es un objeto que contiene información sobre el evento de teclado. Las propiedades más importantes del objeto son las siguientes:

- `char` o `charCode` es una cadena con el carácter que se ha pulsado (si es representable).

- `key` o `keycode` es un *identificador* que representa la tecla que se ha pulsado. Tienes una lista completa en (*https://developer.mozilla.org/en-US/docs/Web/API/KeyboardEvent#KeynamesandCharvalues*).

- `ctrlKey`, `shitKey`, `altKey` son campos que indican si las teclas **Control**, **Shift** o **Alt** estaban pulsadas mientras se produjo la pulsación.

Añade el siguiente código JQuery que indica la tecla pulsada al escribir en el campo `#login`.

```
...

var tecla = function(info) {
    //Las letras tienen código consecutivo y el código de 'a'
es 97
    var diccionario = "abcdefghijklmnopqrstuvwxyz"
    console.log("Has pulsado la tecla: "+
              diccionario.charAt(info.keyCode-97)
              );
}

$(function(){
  $("#boton").click(avisa);
  $("#boton").mouseover(entra);
  $("#boton").mouseout(sale);
  $("#login").keypress(tecla);
});
```

4.7.5 Eventos de touch

Son los eventos que se producen en las pantallas táctiles. Son similares a los de ratón (que también se generan) y tienen un retardo menor que estos en dichos dispositivos. Por tanto, si usan es recomendable deshabilitar los de ratón (para evitar recibir un evento parecido dos veces):

- `touchstart`: cuando el dedo toca la superficie de la pantalla.
- `touchend`: cuando el dedo deja de tocar la superficie de la pantalla.
- `touchmove`: cuando el dedo que toca la pantalla se desliza sobre ella.
- `touchenter`: cuando el dedo se sitúa sobre un elemento (o cuando empieza a entrar en el elemento).
- `touchleave`: cuando el dedo abandona un elemento.
- `touchcancel`: cuando el dedo sale fuera de los límites de la ventana del navegador.

4.7.6 Eventos de los formularios

Los formularios disponen de sus propios eventos:

- `click`: cuando se pincha con el ratón sobre un elemento. Se usa generalmente con los botones (`button`, `submit`).
- `change`: cuando el usuario cambia el valor de un elemento de texto. Se suele usar con elementos `<input type="text">` o `textarea`. También se produce cuando el usuario selecciona una opción en una lista desplegable (elemento `<select>`).
- `focus` y `blur`: cuando el usuario selecciona un elemento del formulario y cuando el usuario pasa a otro elemento del formulario, respectivamente.
- `submit`: cuando se realiza la acción de enviar un formulario (no cuando se pulsa el botón).
- `reset`: cuando se realiza la acción de reiniciar un formulario (no cuando se pulsa el botón).

Además, al pulsar el botón `submit` se desencadenan varios eventos en lugar de uno solo: `mousedown`, `click`, `mouseup` y `submit`, de forma consecutiva. Normalmente se utiliza este evento para validar los campos del formulario.

Veamos un ejemplo. Gracias a los eventos anteriores podemos tanto validar los campos de texto después de que el usuario haya introducido un dato como llevar a cabo una validación global cuando se envía el formulario. Para ello podríamos emplear el siguiente código JQuery:

```
var envio = function(evento){
  var login = $("#login").val());
  var pass = $("#pass").val();
  if((login.length ==0)||(pass.length==0))
  {
    alert("Falta algún dato");
    evento.preventDefault();
  }
};

var escribe = function(){
  var contenido = $("#pass").val();
  if(contenido.indexOf('@')!=-1)
    alert("la contraseña no puede contener el símbolo @");
};

$(function(){
  $("#boton").click(avisa);
  $("#boton").mouseover(entra);
  $("#boton").mouseout(sale);
  $("#login").keypress(tecla);
  $("#formulario").submit(envio);
  $("#pass").change(escribe);
});
```

Hemos creado dos funciones para validar el envío del formulario (`envio`) y la escritura de la contraseña (`escribe`).

En el primer caso, el código obtiene el valor escrito en ambos campos de texto (mediante la función `.val()`); luego, si la longitud de las cadenas es 0, muestra un aviso y cancela el envío del formulario. Para ello se añade un parámetro que contendrá información sobre el evento de envío del formulario (`evento`) y cancelamos su comportamiento por defecto con `evento.preventDefault()`.

En el segundo caso, simplemente obtenemos el valor del campo de contraseña y buscamos el carácter `'@'`. Si se encuentra, muestra un mensaje de error. Hay que tener en cuenta que este evento (`change`) se genera cuando se acaba la edición del campo de texto, no según se escribe. Es decir, cuando se quita el cursor del campo de texto. Si quisiéramos validar según se escribe, deberíamos utilizar los eventos `keypress` tal y como hacemos con el campo `#login`.

4.8 MODIFICACIÓN DEL ESTILO

Al igual que con el contenido, JQuery también permite modificar fácilmente las propiedades de estilo de nuestra página web. Veamos cómo hacerlo.

4.8.1 Añadir o eliminar propiedades CSS

Mediante los métodos `addClass()` y `removeClass()` podemos asignar o quitar una clase CSS a cualquier elemento.

```
$("button").click(function(){
  $("h1,h2,p").addClass("color");
  $("div").addClass("importante");
});
$("button").click(function(){
  $("h1,h2,p").removeClass("color");
});
```

Prueba el siguiente ejemplo:

```
<!DOCTYPE html>
<html>
<head>
<script src="https://ajax.googleapis.com/ajax/libs/jquery/1.11.3/jquery.min.js"></script>
<script>
$(function(){
    $("#btn01").click(function(){
        $("#div01").addClass("importante color");
    });
    $("#btn02").click(function(){
        $("#div01").removeClass("color");
    });
});
</script>
<style>
.importante {
    font-weight: bold;
    font-size: xx-large;
}
.color {
    color: #D5322D;
}
</style>
```

```
</head>
<body>

<div id="div01">Un texto de ejemplo</div>
<br>
<button id="btn01">Añadir classes importante y color</button>
<button id="btn02">Quitar color</button>

</body>
</html>
```

4.8.2 Manipulación de las propiedades CSS

El método `css()` nos permite consultar o modificar cualquier propiedad de la hoja de estilos de un elemento HTML. Su funcionamiento es sencillo:

```
css("nombrepropiedad");
css("nombrepropiedad","valor");
```

Este método tiene dos versiones, una para consultar y otra para establecer el valor de una propiedad. Veamos un ejemplo de la primera:

```
$("p").css("background-color");
```

Normalmente se utiliza para establecer el valor de la propiedad CSS:

```
$("p").css("background-color","yellow");
```

Puedes comprobar su funcionamiento con el siguiente ejemplo:

```
<!DOCTYPE html>
<html>
<head>
<script src="https://ajax.googleapis.com/ajax/libs/jquery/1.11.3/jquery.min.js"></script>
<script>
$(function(){
    $("#btn03").click(function(){
        $(".pcolor").css("background-color", "yellow");
    });
});
</script>
</head>
<body>
```

```html
<p class="pcolor" style="background-color:#ff5555">Un párrafo</p>
<p class="pcolor" style="background-color:#55ff55">Otro párrafo</p>
<p class="pcolor" style="background-color:#5555ff">El último párrafo</p>

<button id="btn03">Cambiar color a los párrafos</button>

</body>
</html>
```

4.9 EFECTOS

Quizás uno de los aspectos más destacables de JQuery es que permite crear animaciones y efectos muy fácilmente: transiciones, movimientos, animaciones, etc. A continuación aprenderás cómo hacerlo.

4.9.1 Hide y Show

Estos dos métodos permiten ocultar o mostrar un elemento. Podemos indicar la velocidad (en milisegundos) como argumento del método:

```javascript
$("#hide").click(function(){
  $("p").hide(800);
});

$("#show").click(function(){
  $("p").show(1000);
});
```

Para practicar, prueba el siguiente ejemplo y añade distintas velocidades a los efectos:

```html
<!DOCTYPE html>
<html>
<head>
<script src="https://ajax.googleapis.com/ajax/libs/jquery/2.1.3/jquery.min.js">
</script>
<script>
$(function(){
```

```
        $("#hide").click(function(){
            $("#par01").hide();
        });
        $("#show").click(function(){
            $("#par01").show();
        });
    });
    </script>
    </head>
    <body>
    <p id="par01">Si pulsas en el botón "Ocultar" desapareceré.
    Y si pulsas en el botón "Mostrar" pues apareceré.</p>

    <button id="hide">Ocultar</button>
    <button id="show">Mostrar</button>
    </body>
    </html>
```

4.9.2 Toggle

Permite que un elemento cambie automáticamente entre `hide()` y `show()`, o viceversa. De nuevo podemos especificar la velocidad como argumento:

```
$("button").click(function(){
  $("p").toggle();
});
```

Prueba el siguiente ejemplo y añade distintas velocidades al efecto:

```
<!DOCTYPE html>
<html>
<head>
<script src="https://ajax.googleapis.com/ajax/libs/
jquery/2.1.3/jquery.min.js">
</script>
<script>
$(function(){
    $("#toggleBtn").click(function(){
        $("#par02").toggle();
    });
});
</script>
</head>
<body>
```

```
<p id="par02">Si pulsas en el botón "Cambiar" desapareceré y
reapareceré si vuelves a pulsar. </p>

<button id="toggleBtn">Cambiar</button>
</body>
</html>
```

4.9.3 Fading

Estos efectos permiten que un elemento aparezca o desaparezca de forma gradual.

4.9.3.1 FADEIN

Hace que un elemento oculto aparezca. Puede indicarse la velocidad en milisegundos o con los valores "slow" o "fast":

```
$("button").click(function(){
  $("#div1").fadeIn();
  $("#div2").fadeIn("slow");
  $("#div3").fadeIn(3000);
});
```

4.9.3.2 FADEOUT

Es el contrario de fadeIn; sirve para hacer que los elementos desaparezcan:

```
$("button").click(function(){
  $("#div1").fadeOut();
  $("#div2").fadeOut("slow");
  $("#div3").fadeOut(3000);
});
```

4.9.3.3 FADETOGGLE

Permite alternar entre los efectos fadeIn y fadeOut:

```
$("button").click(function(){
  $("#div1").fadeToggle();
  $("#div2").fadeToggle("slow");
  $("#div3").fadeToggle(3000);
});
```

De nuevo, pruébalos con el siguiente ejemplo y añade distintas velocidades al efecto:

```html
<!DOCTYPE html>
<html>
<head>
<script src="https://ajax.googleapis.com/ajax/libs/jquery/1.11.3/jquery.min.js"></script>
<script>
$(function(){
    $("#fadeBtn").click(function(){
        $("#div01").fadeToggle(3000);
        $("#div02").fadeToggle("slow");
        $("#div03").fadeToggle();
    });
});
</script>
</head>
<body>

<button id="fadeBtn">
Pulsa para que aparezcan y desaparezcan unas cajas.
</button>
<br><br>

<div id="div01" style="width:80px;height:80px;background-color:red;"></div>
<div id="div02" style="width:80px;height:80px;background-color:green;"></div>
<div id="div03" style="width:80px;height:80px;background-color:blue;"></div>

</body>
</html>
```

4.9.4 Sliding

El *sliding* nos permite mover elementos para que se muestren hacia arriba o hacia abajo.

4.9.4.1 SLIDEDOWN

Mueve hacia abajo un elemento. De nuevo la velocidad puede ser `"slow"`, `"fast"` o indicada en milisegundos:

```
$("#flip").click(function(){
  $("#panel").slideDown();
});
```

4.9.4.2 SLIDEUP

Es el movimiento opuesto:

```
$("#flip").click(function(){
  $("#panel").slideUp();
});
```

4.9.4.3 SLIDETOGGLE

Alterna entre `slideDown` y `slideUp`:

```
$("#flip").click(function(){
  $("#panel").slideToggle();
});
```

Aquí tienes el ejemplo para probarlo:

```
<!DOCTYPE html>
<html>
<head>
<script src="https://ajax.googleapis.com/ajax/libs/jquery/1.11.3/jquery.min.js"></script>
<script>
$(function(){
    $("#flip").click(function(){
        $("#panelAux").slideToggle("slow");
    });
});
</script>

<style>
#panelAux, #flip {
    background-color: #F6CFCE;
    border: 1px solid #ccc;
    border-radius: 4px;
```

```
        padding: 5px;
        text-align: center;
    }
    #panelAux {
        padding: 50px;
        display: none;
    }
    </style>
    </head>
    <body>

    <div id="flip">Pulsa aquí para que se despliegue y contraiga el panel</div>
    <div id="panelAux">¡Me gusta mucho JQuery!</div>

    </body>
    </html>
```

4.9.5 Animaciones

También podemos crear animaciones personalizadas con el método `animate()`:

```
$(selector).animate({propiedadesCSS},velocidad);
```

El primer argumento define las propiedades CSS que se van a modificar, mientras que el segundo indica la velocidad: `"slow"`, `"fast"`, o medida en milisegundos.

```
$("button").click(function(){
  $("div").animate({left:'250px'});
});
```

En vez de animar una única propiedad podemos indicar varias:

```
$("button").click(function(){
  $("div").animate({
    left:'250px',
    opacity:'0.5',
    height:'150px',
    width:'150px'
  });
});
```

Con el siguiente ejemplo podrás comprobar su funcionamiento. Modifica la animación a tu antojo.

```
<!DOCTYPE html>
<html>
<head>
<script src="https://ajax.googleapis.com/ajax/libs/
jquery/1.11.3/jquery.min.js"></script>
<script>
$(function(){
    $("#animateBtn01").click(function(){
        $("#box01").animate({
            left: '250px',
            opacity: '0.5',
            height: '150px',
            width: '150px'
        });
    });
});
</script>
</head>
<body>

<button id="animateBtn01">Comenzar animación</button>

<div id="box01"
style="background:#D5322D;height:100px;width:100px;display:bl
ock;"></div>

</body>
</html>
```

Otra forma de realizar la animación consiste en utilizar valores "relativos" a los actuales:

```
$("button").click(function(){
  $("div").animate({
    left:'250px',
    height:'+=150px',
    width:'+=150px'
  });
});
```

Prueba el siguiente ejemplo y cambia la animación como quieras.

```
<!DOCTYPE html>
<html>
<head>
<script src="https://ajax.googleapis.com/ajax/libs/
jquery/1.11.3/jquery.min.js"></script>
<script>
$(function(){
    $("#animateBtn02").click(function(){
        $("#box02").animate({
            'margin-left': '+=25px',
            opacity: '-=0.1',
            height: '+=100px',
            width: '+=100px'
        });
    });
});
</script>
</head>
<body>

<button id="animateBtn02">Comenzar animación</button>

<div id="box02"
style="background:#D5322D;height:100px;width:100px;display:bl
ock;"></div>

</body>
</html>
```

Por último, podemos ejecutar un efecto después de otro si los indicamos con distintas llamadas a `animate()`:

```
$("button").click(function(){
  var div=$("div");
  div.animate({height:'300px',opacity:'0.4'},"slow");
  div.animate({width:'300px',opacity:'0.8'},"slow");
  div.animate({height:'100px',opacity:'0.4'},"slow");
  div.animate({width:'100px',opacity:'0.8'},"slow");
});
```

Compruébalo con el siguiente ejemplo y cambia la animación como quieras:

```html
<!DOCTYPE html>
<html>
<head>
<script src="https://ajax.googleapis.com/ajax/libs/
jquery/1.11.3/jquery.min.js"></script>
<script>
$(function(){
    $("#animateBtn03").click(function(){
        var div = $("#box03");
        div.animate({height: '300px', opacity: '0.2'}, 
"slow");
        div.animate({'margin-top': '200px', opacity: '0.8'}, 
"slow");
        div.animate({height: '100px', opacity: '0.2'}, 
"slow");
        div.animate({width: '300px', opacity: '0.8'}, 
"slow");
        div.animate({'margin-left': '200px' }, "slow");
        div.animate({width: '100px', opacity: '0.2'}, 
"slow");
        div.animate({'margin-top': '0px'}, "slow");
        div.animate({opacity: '1'}, "slow");
        div.animate({'margin-left': '00px'}, "slow");
    });
});
</script>
</head>
<body>

<button id="animateBtn03">Comenzar animación</button>

<div id="box03" style="background:#D5322D;height:100px;width:
100px;display:block;"></div>

</body>
</html>
```

4.10 AJAX

AJAX (*asynchronous JavaScript and XML*) permite cargar contenido desde una página web y mostrarlo sin tener que recargarla. Casi cualquier aplicación actual utiliza esta tecnología: Gmail, Google Maps, Youtube, Facebook, etc. y JQuery nos permite utilizarla muy fácilmente.

Mediante los métodos AJAX de JQuery podremos obtener documentos HTML, XML o JSON desde un servidor remoto vía HTTP Get o HTTP Post, y cargar los datos que contengan directamente dentro de los elementos HTML de nuestra página web.

4.10.1 El método load()

El método `load()` nos permite obtener fácilmente contenido de un servidor y añadirlo a un elemento de nuestra página:

```
$(selector).load(URL,data,callback);
```

El parámetro `data` es la información que se envía al servidor identificado por la URL pasada como parámetro. Es importante tener en cuenta que la carga de un contenido puede tardar un tiempo, por lo que todo aquello que queramos que se haga *después* de cargar dicho contenido ha de estar obligatoriamente dentro de la función `callback`. Esta función recibe tres parámetros:

- `responseTxt`: el contenido de la respuesta en caso de éxito
- `statusTxt`: contiene una cadena con el estado de la petición: `abort`, `error`, `notmodified`, `parsererror`, `success`, `timeout`.
- `xhr`: contiene un objeto `XMLHttpRequest`, que es el responsable de hacer la petición AJAX. Proporciona información adicional de la petición y métodos para realizar procesamiento adicional.

Por ejemplo, supongamos que queremos cargar el contenido del fichero *datos.txt* alojado en nuestro servidor:

```
<h2>Ejemplo de AJAX</h2>
<div id="div1">Queremos cargar el contenido aquí</p>
```

Para cargar y añadir ese contenido al elemento *div1* de nuestra página simplemente escribiríamos:

```
$("#div1").load("datos.txt");
```

Compruébalo por ti mismo. Ten en cuenta que solo funcionará si cargas el ejemplo a través del protocolo HTTP y no directamente desde disco (con `file://`)

```
<!DOCTYPE html>
<html>
<head>
<script src="https://ajax.googleapis.com/ajax/libs/
jquery/1.11.3/jquery.min.js"></script>
<script>
$(function(){
    $("#div1").load("datos.txt");
});
</script>
</head>
<body>
<h2>Ejemplo de AJAX</h2>
<div id="div1">Queremos cargar el contenido aquí</p>
</body>
</html>
```

También es posible seleccionar el contenido que se ha de leer desde el fichero cargado. Para ello utilizamos un selector para el elemento HTML que queramos obtener si estamos cargando un archivo HTML:

```
$("#div1").load("datos.html #p1");
```

5

ACABADO PROFESIONAL: LIBRERÍAS Y UTILIDADES

En este punto del libro ya conoces en profundidad los detalles técnicos que permiten crear un sitio web brillante. Sin embargo, suele ser muy costoso desarrollar un proyecto desde cero; por eso nos apoyamos en librerías que ya incluyen gran parte de la funcionalidad necesaria. Estas librerías son conjuntos de hojas de estilo y código JavaScript que nos facilitan mucho el desarrollo.

En este capítulo te propongo varias de ellas. La más importante es **Bootstrap**. Creada por los desarrolladores de Twitter, se ha popularizado muy rápidamente. Seguro que en cuanto la conozcas identificarás rápidamente sitios web que la utilizan. Otra librería que deberías al menos conocer es **JQuery UI**, que permite implementar fácilmente funcionalidades muy demandadas: arrastrar y soltar elementos, reordenarlos, añadir vistosos efectos, etc. Esta librería tiene una *hermana* para dispositivos móviles llamada **JQuery Mobile** que también es muy interesante. Por último, te propongo conocer **Isotope**, que permite filtrar y ordenar elementos con un resultado muy llamativo.

5.1 BOOTSTRAP

Bootstrap es un *framework* creado por Twitter para desarrollar aplicaciones web. Es muy sencillo y está pensado para utilizarse en cualquier tipo de dispositivo (diseño adaptativo). La versión actual se conoce como Bootstrap 3.

Esta librería popularizó el diseño adaptativo basado en rejilla que ya hemos estudiado. Además, otra de las grandes ventajas de esta librería es que permite utilizar distintos temas para personalizar tu web. Aunque existen numerosísimos temas gratuitos, también puedes encontrar temas de pago que darán a tu sitio web un acabado absolutamente profesional.

Para utilizar Bootstrap puedes descargar el código CSS y JavaScript desde *getbootstrap.com* (*http://getbootstrap.com*). Una vez descomprimido encontrarás las hojas de estilo *bootsrap.css*, el tema por defecto *bootstrap-theme.css* y el código JavaScript *bootstrap.js*.

Estos archivos son la forma más sencilla de utilizar Bootstrap en cualquier proyecto web. Para cada archivo se ofrecen dos variantes: los archivos compilados (cuyo nombre es bootstrap.*) y los archivos minimizados (cuyo nombre es bootstrap.min.*).

Además, Bootstrap ofrece varias plantillas de ejemplo que puedes probar directamente en tu navegador y que encontrarás en su página web.

5.1.1 Elementos básicos

Bootstrap está pensado teniendo siempre en cuenta el diseño adaptativo. Por eso debemos decidir cómo escalar las páginas web correctamente. Para ello debemos incluir en la cabecera la siguiente declaración:

```
<meta name="viewport" content="width=device-width, initial-scale=1.0">
```

En algunas ocasiones es preferible deshabilitar el zoom en la página para que la web se asemeje a una aplicación nativa. En ese caso añadimos la propiedad `user-scalable=no` a la etiqueta anterior:

```
<meta name="viewport" content="width=device-width, initial-scale=1.0, maximum-scale=1.0, user-scalable=no">
```

5.1.1.1 CONTENEDORES

Para que la rejilla de Bootstrap funcione correctamente debemos insertar el contenido de la página dentro de una división de clase `container`.

```
<div class="container">
   ...
</div>
```

En este caso se reservará cierto margen a izquierda y derecha de la página y el contenido tendrá un ancho fijo (siempre dependiente del dispositivo). Si queremos ocupar todo el ancho del dispositivo y utilizar un diseño más similar al modelo flexible, entonces debemos utilizar la clase `container-fluid`.

5.1.1.2 DISEÑO ADAPTATIVO BASADO EN REJILLA

Bootstrap ofrece las clases necesarias para un diseño adaptativo basado en rejilla. Recordando el Capítulo 3, contamos con las clases:

- ▼ `col-xs-*` (*extra small*). Pantallas con ancho inferior a 768 px. Es decir, la gran mayoría de los teléfonos inteligentes

- ▼ `col-sm-*` (*small*). Pantallas con ancho inferior a 992 px. Si se ha definido la clase *xs* y el tamaño es menor que 768 px, entonces se aplicará esa clase.

- ▼ `col-md-*` (*medium*). Pantallas entre 992 px y 1200 px. Este rango representa la mayoría de los navegadores de escritorio

- ▼ `col-lg-*` (*large*). Pantallas muy grandes con ancho superior a 1200 px.

Recuerda que deberás cambiar el * por el número de columnas que quieras que ocupe tu elemento dependiendo del tipo de dispositivo, con un total de 12 columnas. Además, las columnas deben ir dentro de una división de tipo *row*.

La rejilla de Bootstrap también permite una de las principales ventajas del modelo flexible: reordenar las columnas. Para eso podemos utilizar las clases: `col-XX-push-Y`, donde XX es el tamaño (`xs`, `sm`, `md` o `lg`), e Y el número de orden.

Por último, podemos hacer que un elemento no se visualice en un determinado tamaño de pantalla mediante las clases `hidden-xs`, `hidden-sm`, `hidden-md` y `hidden-lg`.

5.1.1.3 PLANTILLA BÁSICA

Juntando todo lo anterior, nuestra *plantilla básica* para utilizar Bootstrap sería la siguiente:

```html
<html>
  <head>
    <meta charset="utf-8">
    <meta name="viewport" content="width=device-width, initial-scale=1">
    
    <!-- CSS principal de Bootstrap -->
    <link href="css/bootstrap.min.css" rel="stylesheet">
```

```html
    <!-- hoja de de estilos propia -->
    <link href="css/estilos.css" rel="stylesheet">
  </head>

  <body>
    <div class="container">
      <div class="row">
        <!-- Añadir columnas aquí -->
      </div>
    </div>

    <!-- JavaScript -->
    <script src="js/jquery.min.js"></script>
    <script src="js/bootstrap.min.js"></script>
  </body>
</html>
```

5.1.1.4 TIPOGRAFÍAS

Bootstrap incluye en su CSS formatos muy vistosos para los distintos elementos textuales de cualquier web. A continuación comentaré lo más interesante.

Obviamente, existe un formato especial para cada cabecera `<h1>,...,<h6>`, y destaca la posibilidad de añadir un subtítulo mediante la etiqueta `small`:

```html
<h1>Cabecera de nivel 1</h1>
<h2>Cabecera de nivel dos <small>con subtítulo</small></h2>
```

También podemos alinear el texto muy fácilmente con las clases `text-left`, `text-center`, `text-right` y `text-justify`.

```html
<p class="text-left">Texto a la izquierda</p>
<p class="text-center">Texto centrado</p>
<p class="text-right">Texto a la derecha</p>
<p class="text-justify">Texto justificado</p>
```

Otro elemento destacable son las listas de definición horizontales que creamos con la clase `dl-horizontal`:

```html
<dl class="dl-horizontal">
  <dt>Título 1</dt>
  <dd>Descripción del elemento 1</dd>
  <dt>Título 2</dt>
  <dd>Descripción del elemento 2</dd>
</dl>
```

5.1.1.5 TABLAS

Es muy fácil dar formato a una tabla con Bootstrap para darle una apariencia profesional. La CSS por defecto de la librería añade divisiones horizontales y elimina el resto de los bordes. Utilizar el estilo de Bootstrap para las tablas se consigue añadiendo la clase `table`.

Además es posible crear *tablas cebreadas*, que son muy populares actualmente. Para ello simplemente añadimos la clase `table-striped`. También podemos configurar la tabla para que se resalte la celda sobre la que está el ratón. Esta funcionalidad se añade con la clase `table-hover`.

Otra ventaja adicional es conseguir fácilmente que la tabla se desplace horizontalmente en dispositivos pequeños. Para eso la incluiremos dentro una división con clase `table-responsive`:

```html
<div class="table-responsive">
  <table class="table table-striped table-hover">
  </table>
</div>
```

Puedes ver el resultado de los anteriores fragmentos de código en la Figura 5.1.

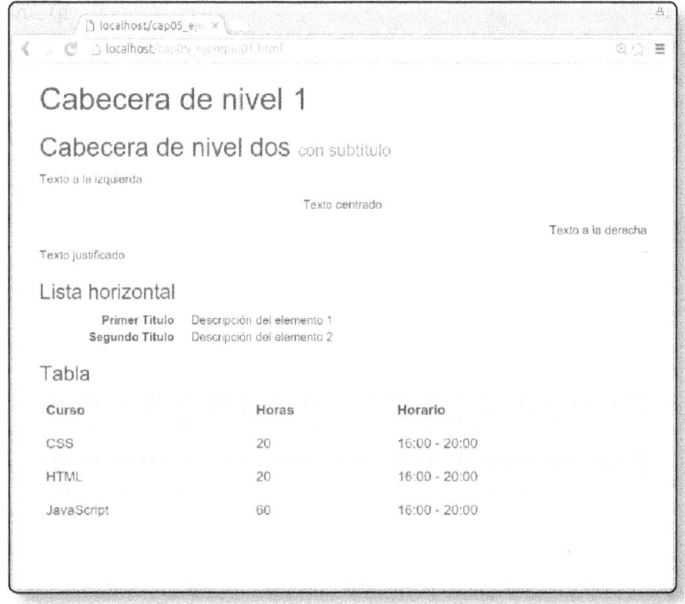

5.1. Tipografías básicas en Bootstrap

5.1.1.6 FORMULARIOS

También podemos aplicar distintas mejoras a los formularios. Para que el espaciado sea óptimo añadiremos la clase `form-group`. Y si añadimos la clase `form-control` a los distintos elementos, conseguiremos que ocupen todo el ancho.

```html
<form>
  <div class="form-group">
    <label for="campo1">Email</label>
    <input type="email" class="form-control" id="campo1"
           placeholder="Email">
  </div>
  <div class="form-group">
    <label for="campo2">Contraseña</label>
    <input type="password" class="form-control" id="campo2"
           placeholder="Contraseña">
  </div>
  <button type="submit" class="btn btn-default">Enviar</button>
</form>
```

Si queremos que los campos del formulario aparezcan seguidos (es decir, en horizontal en vez de en vertical), añadimos la clase `form-inline` a la etiqueta `form`. Otra forma de ordenar el formulario es añadiendo la clase `form-horizontal`, que nos coloca las etiquetas y campos en la misma fila. Este tipo de ordenación es muy recomendable desde el punto de vista de las interfaces de usuario. Puedes ver las distintas formas de colocar el formulario en la Figura 5.2.

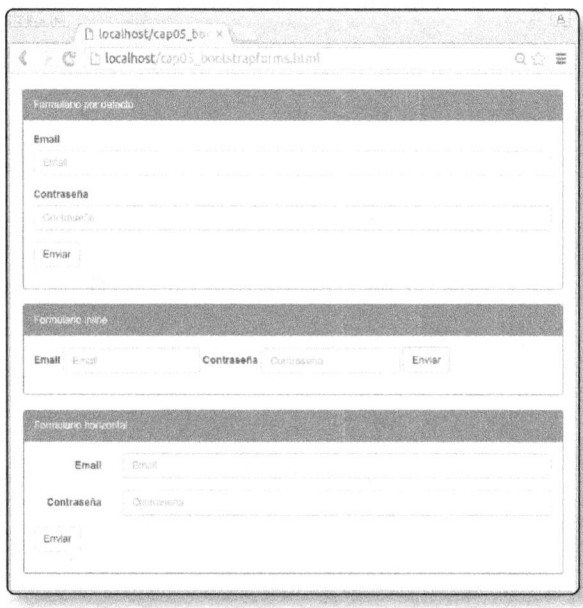

5.2. Tipos de formulario en Bootstrap

Otra funcionalidad muy útil son los mensajes de ayuda. Para ello, el campo que recibe la ayuda debe añadir el atributo `aria-describedby`, cuyo valor es el identificador del elemento con la ayuda. Este, a su vez, tendrá como clase `help-block`:

```html
<label for="campo1">Email</label>
<input type="email" class="form-control" id="campo1"
       placeholder="Email" aria-describedby="ayuda1">
<span id="ayuda1" class="help-block">Ayuda del campo1</span>
```

Bootstrap también nos ofrece distintas clases para indicar el estado de validación de un campo del formulario: `has-warning`, `has-error` y `has-success`:

```html
<div class="form-group has-success">
  <label for="campo1">Email</label>
  <input type="email" class="form-control" id="campo1"
         placeholder="Email" aria-describedby="ayuda1">
  <span id="ayuda1" class="help-block">Ayuda del campo1</span>
</div>

<div class="form-group has-error">
  <label for="campo2">Contraseña</label>
  <input type="password" class="form-control" id="campo2"
         placeholder="Contraseña">
</div>
```

Por último, podemos añadir imágenes representativas a los campos del formulario mediante la clase `has-feedback`. Un poco más adelante estudiaremos los distintos iconos que ofrece Bootstrap para ello. Por ahora veamos un ejemplo:

```html
<div class="form-group has-success has-feedback">
  <label for="campo1">Email</label>
  <input type="email" class="form-control" id="campo1"
         placeholder="Email" aria-describedby="ayuda1">
  <span class="glyphicon glyphicon-ok form-control-feedback"
        aria-hidden="true"></span>
  <span id="ayuda1" class="help-block">Ayuda del campo1</span>
</div>

<div class="form-group has-error has-feedback">
  <label for="campo2">Contraseña</label>
  <input type="password" class="form-control" id="campo2"
         placeholder="Contraseña">
  <span class="glyphicon glyphicon-remove form-control-feedback"
        aria-hidden="true"></span>
</div>
```

Puedes ver el resultado de nuestro formulario en la Figura 5.3.

5.3. Formularios en Bootstrap

5.1.1.7 BOTONES

Podemos hacer que los elementos `<a>`, `<button>` o `<input>` se visualicen como botones gracias a la clase `.btn`. Una vez establecido que son botones, podemos indicar su tipo (por defecto, primario, éxito, información, etc.) y, dependiendo del tema concreto que estemos utilizando, se visualizarán de una u otra forma. A continuación tienes un ejemplo:

```html
<button type="button" class="btn btn-default">Por defecto</button>
<button type="button" class="btn btn-primary">Primario</button>
<button type="button" class="btn btn-success">Éxito</button>
<button type="button" class="btn btn-info">Información</button>
<button type="button" class="btn btn-warning">Aviso</button>
<button type="button" class="btn btn-danger">Error</button>
```

Además podemos cambiar su tamaño mediante las clases `btn-lg` (grande), `btn-sm` (pequeño) y `btn-xs` (extra pequeño).

5.1.1.8 IMÁGENES ADAPTATIVAS

Bootstrap 3 no adapta el tamaño de las imágenes automáticamente. Para escalarlas automáticamente debes añadir la clase *.img-responsive* a cada imagen que quieras que se comporte de manera *responsive*.

```
<img src="..." class="img-responsive" alt="Imagen responsive">
```

También puedes dar un marco a la imagen mediante las clases img-rounded (esquinas redondeadas), img-circle (marco circular) y img-thumbnail (marco de miniatura).

Para terminar esta sección, veamos un ejemplo donde mezclamos el modelo de rejilla con los botones e imágenes. Tienes el resultado en la Figura 5.4. Ten en cuenta que solo especificamos las clases xs porque para hacer la captura hemos reducido el tamaño del navegador.

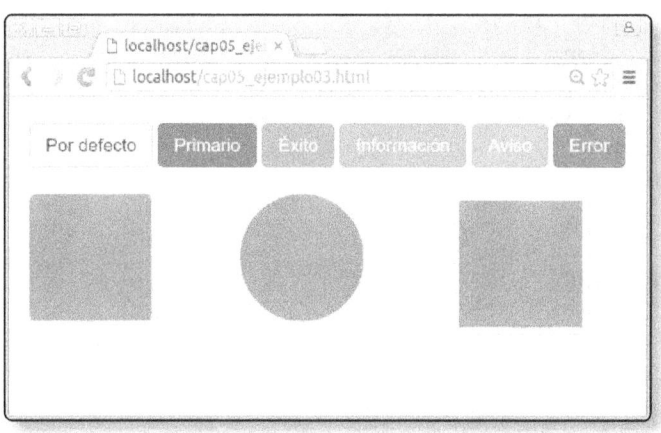

5.4. Botones e imágenes en Bootstrap

```
<div class="container">
 <br>
 <div class="row">
   <div class="col-xs-12">
     <button type="button" class="btn btn-default">Por defecto</button>
     <button type="button" class="btn btn-primary btn-lg">Primario</button>
     <button type="button" class="btn btn-success btn-sm">Éxito</button>
     <button type="button" class="btn btn-info btn-xs">Información</button>
```

```
      <button type="button" class="btn btn-warning">Aviso</button>
      <button type="button" class="btn btn-danger">Error</button>
    </div>
  </div>
  <br>
  <div class="row" >
    <div class="col-xs-4">
      <img src="imagen.png" class="img-responsive img-rounded" alt="Imagen responsive">
    </div>
    <div class="col-xs-4">
      <img src="imagen.png" class="img-responsive img-circle" alt="Imagen responsive">
    </div>
    <div class="col-xs-4">
      <img src="imagen.png" class="img-responsive img-thumbnail" alt="Imagen responsive">
    </div>
  </div>
</div> <!-- container -->
```

5.1.2 Componentes

Bootstrap incluye un gran catálogo de componentes que podemos utilizar para crear nuestra web. Me centraré en los más útiles y te dejo a ti explorar el resto en *http://getbootstrap.com/components*.

5.1.2.1 ICONOS

Tenemos a nuestra disposición una completa colección de iconos llamada *glyphicons*. Para utilizarlos añadimos un elemento `<span class="glyphicon" aria-hidden="true">`. Dentro de la clase añadiremos el tipo de icono deseado. Existen hasta 250 tipos que puedes encontrar en la página web de Bootstrap. Veamos unos ejemplos:

```
<span class="glyphicon glyphicon-search" aria-hidden="true"></span>
<span class="glyphicon glyphicon-ok" aria-hidden="true"></span>
<span class="glyphicon glyphicon-remove" aria-hidden="true"></span>
```

5.1.2.2 DESPLEGABLES

Crear menús desplegables con Bootstrap es bastante sencillo. Crearemos un botón al que le añadiremos la clase `dropdown-toggle`. Luego el contenido del menú desplegable lo indicamos como una lista `<ul class="dropdown-menu">`. Y para enlazar el botón con el contenido utilizamos de nuevo el atributo `aria-labelledby`. El código se muestra a continuación, y el resultado en la Figura 5.5.

5.5. Botones e imágenes en Bootstrap

```
<div class="dropdown">
  <button class="btn btn-default dropdown-toggle" type="button"
          id="Menu1" data-toggle="dropdown" aria-haspopup="true"
          aria-expanded="true">
    Archivo
    <span class="caret"></span>
  </button>
  <ul class="dropdown-menu" aria-labelledby="Menu1">
    <li><a href="#">Nuevo</a></li>
    <li><a href="#">Abrir</a></li>
    <li><a href="#">Guardar</a></li>
    <li role="separator" class="divider"></li>
    <li><a href="#">Salir</a></li>
  </ul>
</div>
```

5.1.2.3 BARRAS DE NAVEGACIÓN

Una de las grandes contribuciones de Bootstrap son las barras de navegación colapsables. Este tipo de barra se ha popularizado en la gran mayoría de los sitios web con diseño adaptativo. Consiste en una barra de opciones que puede fijarse o no en la página y que luego se convierte en un botón con un menú desplegable en dispositivos más pequeños. En la Figura 5.6 puedes ver el ejemplo que estudiaremos a continuación.

5.6. Barra de navegación. Dispositivos pequeños (arriba) y dispositivos grandes (abajo)

Para crear la barra utilizaremos un elemento `<nav class="navbar navbar-default">`. A este elemento podemos añadirle clases adicionales para establecer el comportamiento de la barra de navegación según se realice el *scroll* en la página: permanecer siempre visible arriba: `navbar-fixed-top`; permanecer visible como pie de página: `navbar-fixed-bottom`; o desaparecer al hacer el *scroll*: `navbar-static-top`. Si cambiamos la clase `navbar-default` por `navbar-inverse`, los colores se invierten para conseguir un mayor resaltado.

Dentro de este elemento añadiremos una cabecera `<div class="navbar-header">` y dentro indicaremos el título y qué se mostrará cuando la barra está colapsada (normalmente un botón con tres rayas horizontales creado con elementos `<span class="icon-bar"></span>`):

```html
<div class="navbar-header">
  <!-- Título de la barra -->
  <a class="navbar-brand" href="#">Título</a>
  
  <!-- Botón cuando la barra está colapsada -->
  <button type="button" class="navbar-toggle collapsed"
          data-toggle="collapse" data-target="#menu"
          aria-expanded="false">
    <span class="icon-bar"></span>
    <span class="icon-bar"></span>
    <span class="icon-bar"></span>
  </button>
</div>
```

A continuación añadimos el listado con los enlaces de la barra de navegación. Gracias a su identificador (`#menu` en este ejemplo) lo enlazamos con el botón anterior:

```html
<div class="collapse navbar-collapse" id="menu">
  <ul class="nav navbar-nav">
    <li class="active"><a href="#">Enlace 1</a></li>
    <li><a href="#">Enlace 2</a></li>
  </ul>
</div>
```

Juntándolo todo quedaría así:

```html
<nav class="navbar navbar-default">
  <div class="container-fluid">
    <div class="navbar-header">
      <a class="navbar-brand" href="#">Título</a>
      <button type="button" class="navbar-toggle collapsed" data-toggle="collapse" data-target="#menu" aria-expanded="false">
        <span class="icon-bar"></span>
        <span class="icon-bar"></span>
        <span class="icon-bar"></span>
      </button>
    </div>
    
    <div class="collapse navbar-collapse" id="menu">
      <ul class="nav navbar-nav">
        <li class="active"><a href="#">Enlace 1</a></li>
        <li><a href="#">Enlace 2</a></li>
      </ul>
    </div>
  </div>
</nav>
```

Dentro de la barra puedes añadir imágenes, menús desplegables e incluso formularios. Encontrarás todos los detalles en la documentación (*http://getbootstrap.com/components/#navbar*).

5.1.2.4 JUMBOTRON

El Jumbotron es otro componente muy popular que nos permite resaltar el contenido principal de la página y, normalmente, añadir un botón de acción. Por ejemplo:

```
<div class="jumbotron">
  <h1>Tecnologías Web</h1>
  <p>HTML5, CSS3 y JavaScript/JQuery son las tecnologías
     fundamentales del lado del servidor</p>
  <p><a class="btn btn-primary btn-lg" href="#"
role="button">Aprende más</a></p>
</div>
```

Tienes el resultado en la Figura 5.7. También puedes añadir una imagen de fondo mediante CSS.

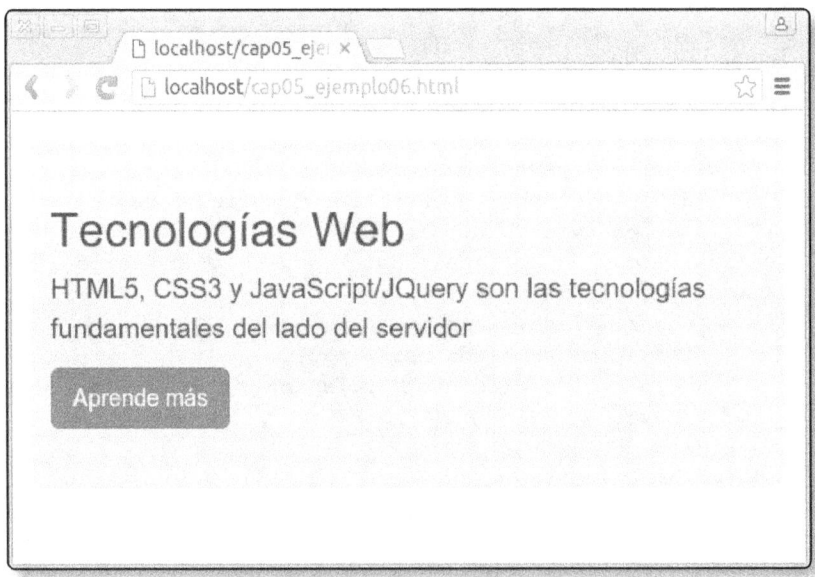

5.7. Ejemplo de Jumbotron en Bootstrap

5.1.2.5 PANELES

Los paneles nos permiten mostrar contenido en una caja de texto con borde. Además, podemos añadir una cabecera y pie de página.

```html
<div class="panel panel-primary">
  <div class="panel-heading">Título del panel</div>
  <div class="panel-body">
    Contenido del panel
  </div>
  <div class="panel-footer">
    Pie del panel
  </div>
</div>
```

Tienes el resultado en la Figura 5.8. En este ejemplo hemos utilizado la clase `panel-primary`, pero también puedes utilizar las clases `panel-success`, `panel-info`, `panel-warning` y `pane-danger`. Compruébalo por ti mismo.

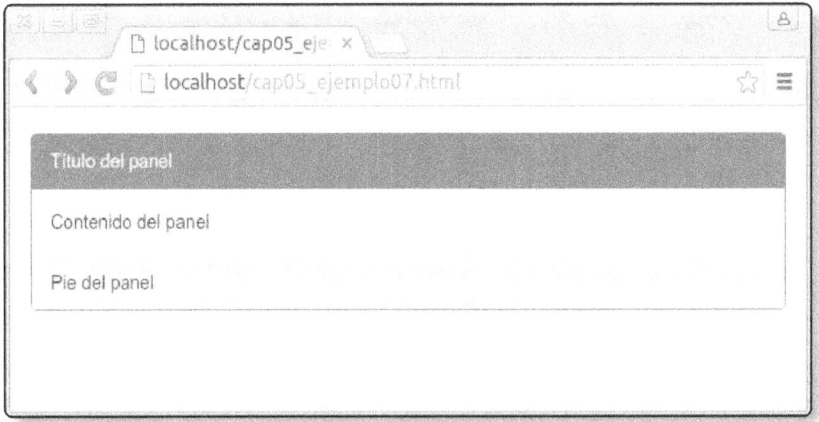

5.8. Ejemplo de panel en Bootstrap

5.1.2.6 OTROS COMPONENTES

Disponemos además de otros componentes que nos serán muy útiles. Los estudiamos a continuación de uno en uno, aunque en la Figura 5.9 aparecen visualizados de forma conjunta.

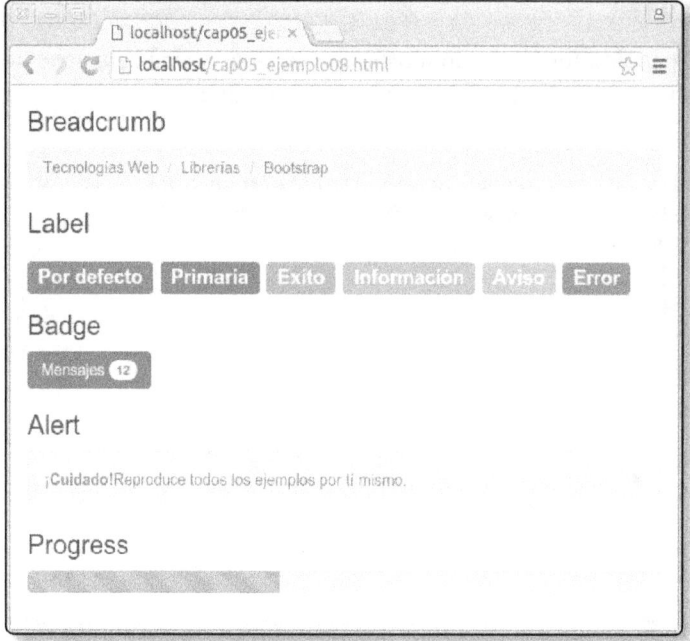

5.9. Otros componentes en Bootstrap

▼ **Breadcrumb**. Las "migas de pan" permiten que el usuario se oriente dentro de la web e indicarle dónde se encuentra:

```
<ol class="breadcrumb">
  <li><a href="#">Tecnologías Web</a></li>
  <li><a href="#">Librerías</a></li>
  <li class="active">Bootstrap</li>
</ol>
```

▼ **Label**. Las etiquetas permiten resaltar cierto texto. De nuevo tenemos varias clases: de éxito, aviso, error, etc.

```
<span class="label label-default">Por defecto</span>
<span class="label label-primary">Primaria</span>
<span class="label label-success">Exito</span>
<span class="label label-info">Información</span>
<span class="label label-warning">Aviso</span>
<span class="label label-danger">Error</span>
```

▼ **Badge**. Las insignias se utilizan normalmente para resaltar cantidades:

```
<button class="btn btn-primary" type="button">
  Mensajes <span class="badge">12</span>
</button>
```

▼ **Alert**. Con este componente podemos crear mensajes de alerta que el usuario puede cerrar. También disponemos de versiones para dar apariencia de éxito, error, etc.

```
<div class="alert alert-warning alert-dismissible" 
role="alert">
  <button type="button" class="close" data-dismiss="alert" 
aria-label="Close">
     <span aria-hidden="true">&times;</span></button>
  <strong>¡Cuidado!</strong>Reproduce todos los ejemplos 
por ti mismo.
</div>
```

▼ **Progress**. También disponemos de barras de progreso. Hay varias versiones para indicar el estado y podemos "cebrearlas" con el atributo `progress-bar-striped`. Gracias a los atributos `aria-valuenow`, `aria-valuemin` y `aria-valuemax` indicamos el valor actual, mínimo y máximo, de la barra de progreso. Obviamente, tendremos que animarla mediante JavaScript/JQuery.

```
<div class="progress">
  <div  class="progress-bar progress-bar-success progress-
bar-striped"
       role="progressbar" aria-valuenow="40" aria-value-
min="0" aria-valuemax="100"
       style="width: 40%">
  </div>
</div>
```

5.1.3 JavaScript

Bootstrap también incluye una serie de componentes que permiten interactuar con el usuario gracias a su librería JavaScript. La gran ventaja de estos componentes es que podemos usar su funcionalidad básica sin necesidad de escribir código. Tienes todos los detalles en *http://getbootstrap.com/javascript/* y a continuación te presento los que suelen resultar más útiles.

5.1.3.1 DIÁLOGOS MODALES

Los cuadros de diálogo modales abren una ventana en el navegador con un mensaje y ciertos botones de acción. Desde el punto de vista de las interfaces de usuario hay que utilizarlos con cuidado, ya que rompen un principio de diseño: el *principio de control*. Es decir, estas ventanas hacen que el usuario pierda el control de la página y se le bloquee el contenido que estaba visualizando para que solo interactúe con la nueva ventana mostrada. Por eso solo deberías utilizarlos cuando el mensaje o acción sean críticos.

Crear diálogos modales en Bootstrap es muy sencillo. Creamos una división de clase `modal` y le añadimos una cabecera `<div class="modal-header">`, contenido `<div class="modal-body">` y pie `<div class="modal-footer">`.

```html
<div class="modal fade" id="ventana" role="dialog" aria-labelledby="titulo">
  <div class="modal-dialog" role="document">
    <div class="modal-content">

      <div class="modal-header">
        <button type="button" class="close" data-dismiss="modal" aria-label="Close">
          <span aria-hidden="true">&times;</span>
        </button>
        <h4 class="modal-title" id="titulo">Título</h4>
      </div>

      <div class="modal-body">
        Contenido del diálogo.
      </div>

      <div class="modal-footer">
        <button type="button" class="btn btn-default" data-dismiss="modal">
        Cancelar</button>
        <button type="button" class="btn btn-primary">Aceptar</button>
      </div>

    </div>
  </div>
</div>
```

Luego podemos enlazarlo con cualquier botón gracias a su identificador (`#ventana` en este ejemplo).

```
<button type="button" class="btn btn-primary btn-lg"
        data-toggle="modal" data-target="#ventana"
        style="margin-top: 300px;">
  Abrir ventana modal
</button>
```

Puedes ver el resultado de este ejemplo en la Figura 5.10.

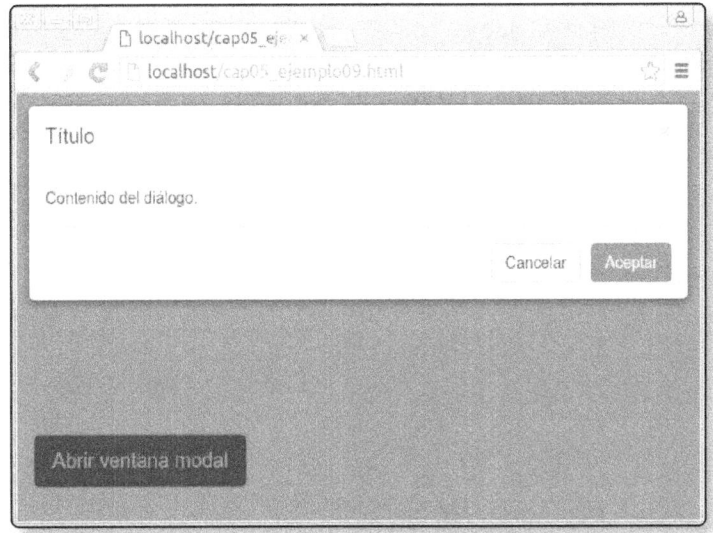

5.10. Diálogos modales en Bootstrap

5.1.3.2 TOOLTIPS Y POPOVERS

Los *tooltips* muestran información sobre un elemento cuando se pasa el ratón sobre el mismo, mientras que los *popovers* aparecen cuando es pulsado. Ambos se configuran de forma similar.

Para utilizar los *tooltips* en Bootstrap solo tendremos que añadir el atributo `data-toggle="tooltip"`, establecer dónde se mostrará con `data-placement` (podemos usar `top`, `bottom`, `left` y `right`), y, por último, indicar el contenido con el atributo `title`. Un ejemplo vale más que mil palabras:

```
<button type="button" class="btn btn-default"
        data-toggle="tooltip" data-placement="right"
        title="Un botón muy bonito">
  Tooltip
</button>
```

El *popover* es similar y, además, podemos indicar un título.

```
<button type="button" class="btn btn-default pull-right"
        data-toggle="popover" data-placement="left"
        title="Popover"
        data-content="Otro botón muy bonito">
  PopOver
</button>
```

Puedes ver el resultado de ambos ejemplos en la Figura 5.11. Ten en cuenta que por motivos de eficiencia debemos inicializar ambos elementos manualmente. Para ello puedes utilizar el siguiente código JQuery:

```
$(function () {
  $('[data-toggle="tooltip"]').tooltip();
  $("[data-toggle=popover]").popover();
})
```

5.11. Ejemplo de tooltip y popover en Bootstrap

5.1.3.3 CARRUSEL

Para terminar con esta sección te presento otro componente muy popular: los carruseles de imágenes. La clase `carousel` permite mostrar imágenes de forma consecutiva al usuario. Se compone de una serie de indicadores (normalmente unos puntos para enlazar con cada imagen) que se añaden con un elemento `<ol class="carousel-indicators">`. A continuación añadiremos las imágenes que queremos mostrar mediante un elemento `<div class="carousel-inner" role="listbox">`. Por último indicamos los controles de anterior/siguiente con `<a class="left carousel-control">` y `<a class="right carousel-control">`.

```html
<div id="carrusel" class="carousel slide" data-ride="carousel">

  <!-- Indicadores -->
  <ol class="carousel-indicators">
    <li data-target="#carrusel" data-slide-to="0" class="active">
    </li>
    <li data-target="#carrusel" data-slide-to="1"></li>
    <li data-target="#carrusel" data-slide-to="2"></li>
  </ol>

  <!-- Páginas del carrusel -->
  <div class="carousel-inner" role="listbox">
    <div class="item active">
      <img src="imagen1.png">
      <div class="carousel-caption">Descripción 1</div>
    </div>
    <div class="item">
      <img src="imagen2.png">
      <div class="carousel-caption">Descripción 2</div>
    </div>
    <div class="item">
      <img src="imagen3.png">
      <div class="carousel-caption">Descripción 3</div>
    </div>
  </div>

  <!-- Controles Anterior/Siguiente -->
  <a class="left carousel-control" href="#carrusel"
     role="button" data-slide="prev">
    <span class="glyphicon glyphicon-chevron-left" aria-hidden="true"></span>
    <span class="sr-only">Anterior</span>
  </a>

  <a class="right carousel-control" href="#carrusel"
     role="button" data-slide="next">
    <span class="glyphicon glyphicon-chevron-right" aria-hidden="true"></span>
    <span class="sr-only">Siguiente</span>
  </a>
</div>
```

Bootstrap incluye muchísimas ayudas para crear nuestra web y te animo a que explores su página para descubrirlas. Ahora estudiaremos otra librería más que interesante: *JQuery UI*.

5.2 JQUERY UI

JQuery UI es una librería basada en JQuery que incluye funcionalidades muy interesantes para desarrollar aplicaciones interactivas. En su página web (*https://jqueryui.com/*) encontrarás varias demos que muestran las características incluidas, así como el enlace para descargarla. Para utilizar esta librería en nuestra web solo tenemos que incluir el archivo JavaScript `jquery-ui.js` y los estilos de `jquery-ui.structure.css`. Este último archivo no cambiará el aspecto de nuestra web, ya que solo añade elementos estructurales para poder utilizar las características de la librería.

En términos generales, podemos agrupar las características de interacción de JQuery UI en dos grandes módulos: **interacciones** y **efectos**. Esta librería también ofrece varios *widgets* (botones, paneles, etc.) para utilizar en nuestra web. Sin embargo, en mi opinión es mejor utilizar los de Bootstrap, ya que son más versátiles. En cualquier caso, encontrarás toda la documentación en la página web.

5.2.1 Interacciones

Las interacciones permiten añadir funcionalidad para arrastrar (*drag*), soltar (*drop*), cambiar tamaño (*resize*), seleccionar (*select*) y ordenar (*sort*) cualquier tipo de elemento web.

5.2.1.1 ARRASTRAR

Simplemente tenemos que llamar al método `draggable()` sobre el elemento que queramos hacer arrastrable (al que añadimos la clase `ui-widget-content`).

```html
<html>
  <head>
    <meta charset="utf-8">
    <link rel="stylesheet" href="css/jquery-ui.structure.css">
    <script src="js/jquery-1.11.1.js"></script>
    <script src="js/jquery-ui.min.js"></script>
    <script>
```

```
    $(function() {
      $( "#draggable" ).draggable();
    });
  </script>
</head>

<body>
  <div id="draggable">
    <img src="ra-ma.png"/>
    <p>(arrástrame)</p>
  </div>
</body>
</html>
```

Puedes ver el resultado en la Figura 5.12. Los métodos de interacción tienen ciertas opciones extra que podemos utilizar. En este caso, podemos limitar el movimiento en el eje *X* o en el *Y*, así como hacer que el elemento vuelva a su posición o que solo se pueda mover ajustado a una rejilla de tamaño determinado. Para ello tendríamos que utilizar la siguiente invocación:

```
$( "#draggable" ).draggable({ axis: "x" , revert: true,
grid: [ 50, 50 ] });
```

Prueba el ejemplo anterior y estas últimas opciones por ti mismo.

5.12. Funcionalidad drag en JQuery UI

5.2.1.2 SOLTAR

De forma análoga a la funcionalidad de arrastrar, podemos definir elementos DOM como *droppables* con el método `droppable()`. Esto significará que pueden recibir elementos arrastrables. Como opcion de este método podemos definir qué hacer cuando se recibe un elemento.

En el siguiente ejemplo tenemos un elemento arrastrable `#parasoltar` y el elemento que lo recibirá, identificado como `#areaDestino`:

```
<style>
  #parasoltar {float:left;}
  #areaDestino {width: 200px; height: 200px; background-co-
lor: lightblue; padding: 0.5em; float: right;};
</style>

<div id="parasoltar">
  <img src="ra-ma.png"/>
  <p>(Arrastrame)</p>
</div>

<div id="areaDestino">
  <p id="texto_destino">Soltar aquí</p>
</div>
```

Para añadirles la funcionalidad utilizaremos el siguiente código:

```
$("#parasoltar").draggable();
$("#areaDestino").droppable({
  drop: function( event, ui ) {
    $("#texto_destino").html( "¡Recibido!" );
    $("#areaDestino").css("background-color","yellow");
  }
});
```

El elemento `#parasoltar` se define simplemente como arrastrable con `draggable()`. Y el elemento `#areaDestino` se define como `droppable`. Dentro de los argumentos de esta función establecemos qué hacer cuando se genera el evento `drop`, es decir, cuando el arrastrable ha sido soltado sobre este elemento. En este caso cambiamos el texto y el color de fondo para indicarlo visualmente. Puedes ver el resultado en la Figura 5.13.

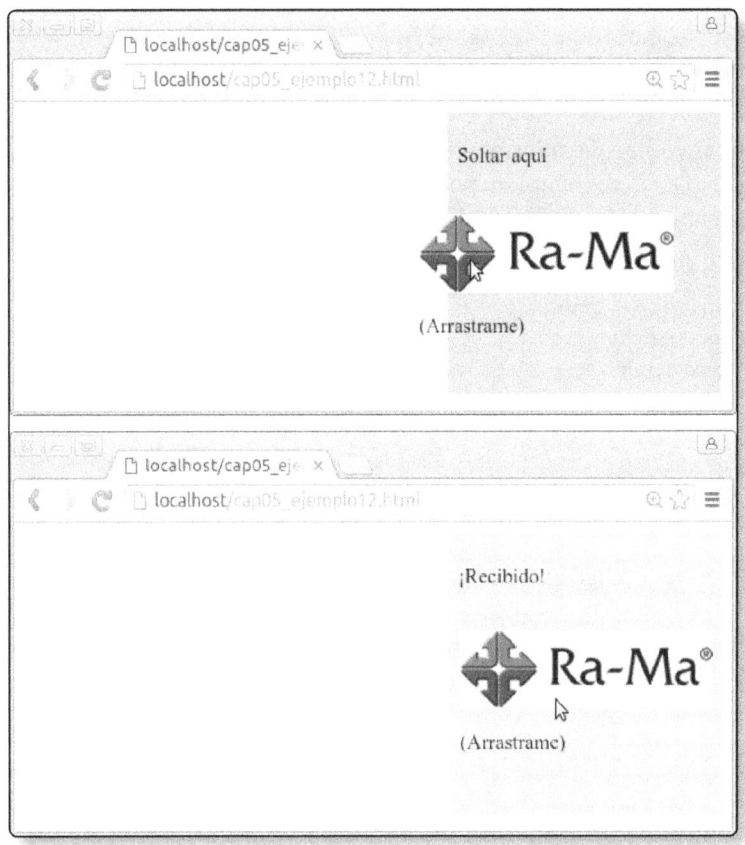

5.13. Funcionalidad Drop en JQuery UI

Otra opción interesante es la de indicar qué elementos pueden ser soltados. Para ello utilizaríamos la opción `accept`. En nuestro ejemplo añadiríamos: `accept: "#paraSoltar"`.

5.2.1.3 CAMBIAR TAMAÑO

La siguiente funcionalidad es la del cambio de tamaño. Es tan sencillo como llamar al método `resizable()` sobre el elemento que queramos modificar. Veamos un ejemplo sobre el siguiente HTML:

```
<style>
#resizable { width: 150px; height: 150px; padding: 0.5em;
float:left; background-color: white; border-style: dashed; }
</style>
```

```
<div id="resizable">
   <p>Cambia mi tamaño</p>
</div>
```

En el código JavaScript solo tendríamos que invocar a `$( "#resizable" ).resizable()`. Pero también podemos añadir opciones muy interesantes para mostrar una animación, definir el tamaño mínimo y máximo o ajustar a una rejilla:

```
$( "#resizable" ).resizable({
  animate: true,
  maxHeight: 350,
  maxWidth: 550,
  minHeight: 150,
  minWidth: 150,
  grid: 50
});
```

Prueba el código anterior por ti mismo. Tienes el resultado en la Figura 5.14.

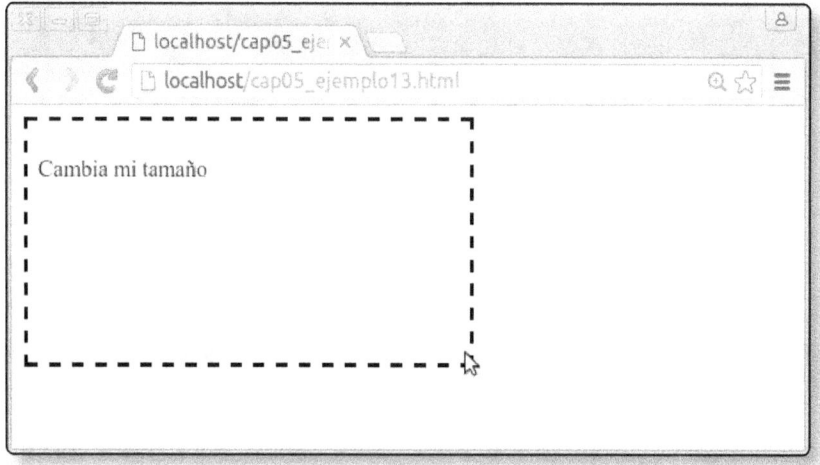

5.14. Funcionalidad Resize en JQuery UI

5.2.1.4 SELECCIÓN

Crear elementos seleccionables es también muy sencillo con JQuery UI. Solo tendremos que invocar el método `selectable()` sobre los elementos. Cuando el elemento haya sido seleccionado se le añadirá la clase `.ui-selected`, por lo que tendremos que configurar la CSS apropiadamente para indicar la selección. Veamos un ejemplo:

```
<style>
#seleccionable .ui-selected { background: #c0392b; color: white; }
#seleccionable { list-style-type: none; width: 200px;}
#seleccionable li { margin: 3px; padding: 10px; text-align: center; }
</style>
<script>
$(function() {
  $( "#seleccionable" ).selectable();
});
</script>

<ol id="seleccionable">
  <li>Elemento 1</li>
  <li>Elemento 2</li>
  <li>Elemento 3</li>
  <li>Elemento 4</li>
  <li>Elemento 5</li>
</ol>
```

Puedes ver el resultado de este ejemplo en la Figura 5.15.

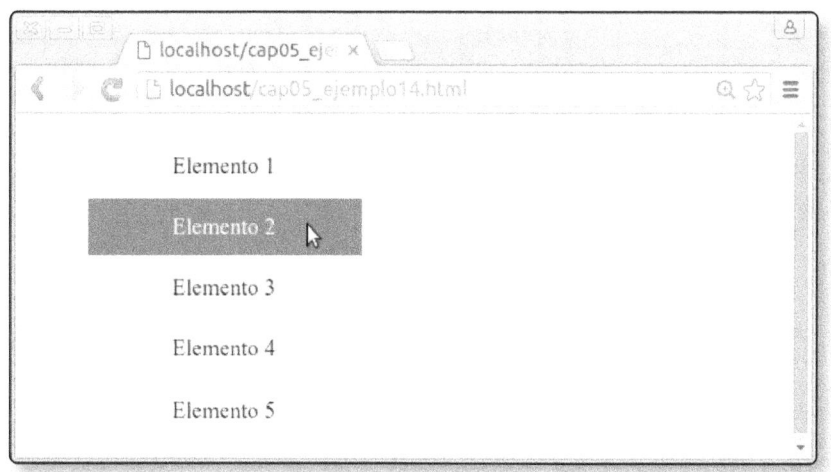

5.15. Funcionalidad Select en JQuery UI

5.2.1.5 ORDENACIÓN

La última funcionalidad es la de ordenación. En este caso utilizaremos el método sortable(). A continuación tienes un ejemplo de cómo utilizar esta funcionalidad cuyo resultado se muestra en la Figura 5.16.

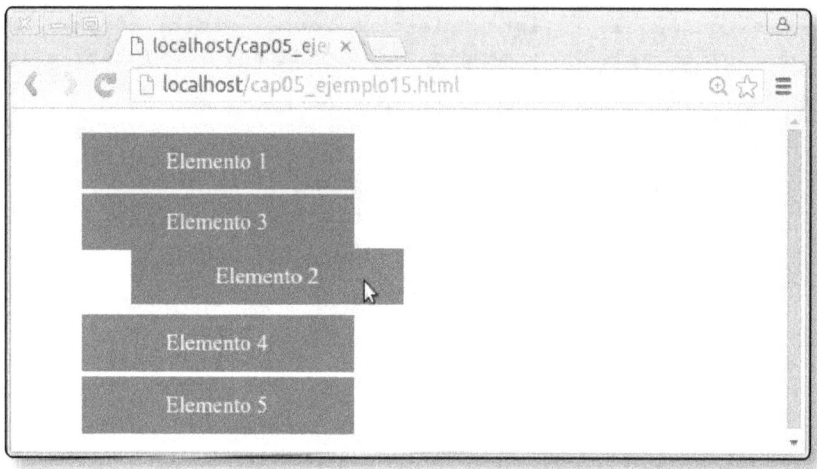

5.16. Funcionalidad Sortable en JQuery UI

```
<style>
#ordenable { list-style-type: none; width: 200px; }
#ordenable li {  margin: 3px; padding: 10px;
                background: #c0392b;  color: white;
                cursor:move;  text-align: center;}
.container {overflow: auto;} /* para compatiblidad con Bootstrap */
</style>
<script>
  $(function() {
    $("#ordenable").sortable();
    $("#ordenable").disableSelection();
  });
</script>

<ul id="ordenable">
  <li>Elemento 1</li>
  <li>Elemento 2</li>
  <li>Elemento 3</li>
  <li>Elemento 4</li>
  <li>Elemento 5</li>
</ul>
```

5.2.2 Efectos

Otra gran virtud de JQuery UI es que incluye numerosos efectos que podemos utilizar para animar nuestras páginas web. La gran mayoría de ellos podríamos conseguirlos programando directamente con JQuery, pero esta librería nos libera de ello.

Para aplicar los efectos tenemos los métodos `show()`, `hide()` y `toggle()`. Como parámetro indicaremos el tipo de efecto: *Blind*, *Bounce*, *Clip*, *Drop*, *Explode*, *Fold*, *Highlight*, *Puff*, *Pulsate*, *Scale*, *Shake*, *Size*, *Slide*. Si el tipo de animación tiene opciones (que deberás mirar en la documentación), las añadiremos a continuación, y, por último, la duración de la animación. Por ejemplo:

```
$( "#effect" ).toggle( "blind", {}, 500 );
```

5.2.2.1 MODIFICACIÓN DE LA CSS

Ya estudiamos el método `animate()` de JQuery para crear animaciones; sin embargo, este método presenta ciertas limitaciones. Por ejemplo, no podemos cambiar los colores dinámicamente. Por ello, JQuery UI lo redefine aumentando su funcionalidad. En este ejemplo desarrollaremos una animación que cambia el tamaño y color simultáneamente. Prueba el siguiente ejemplo en tu navegador:

```
<style>
  .animBox { width: 100%; height: 200px; position: relative;
}
  #elemento { width: 300px; padding: 0.4em; position: relative; background: #fff; }
</style>
<script>
$(function() {
  $( "#btnAnim" ).click(function() {
    $( "#elemento" ).animate({
      backgroundColor: "#c0392b",
      color: "white",
      width: "100%"
    }, 1500 );
  });
});
</script>

<div class="animBox">
  <div id="elemento">
  <h4>Animación</h4>
    <p>Este ejemplo muestra cómo animar distintas propiedades de la CSS que no puede hacerse si utilizamos únicamente JQuery.</p>
```

```
    </div>
</div>

<button id="btnAnim" id="btnEfecto" class="btn btn-
primary">Animar</button>
```

Ahora que ya hemos estudiado las posibilidades de JQuery UI, veremos una librería "hermana" pero destinada al desarrollo para dispositivos móviles.

5.3 JQUERY MOBILE

JQuery Mobile (*http://jquerymobile.com*) es una librería que nos permite crear aplicaciones multidispositivo mediante HTML5 y JQuery. La idea es hacer aplicaciones "adaptativas" que funcionen en cualquier dispositivo, porque, en realidad, son páginas web hechas con HTML5.

La librería ofrece transiciones entre las páginas que son cargadas mediante AJAX. Permite gestionar fácilmente los eventos `touch` de los dispositivos móviles e incluye varios *widgets* (principalmente heredados de JQuery UI).

5.3.1 Estructura

Una web/*app* construida con JQuery Mobile se compone de varios elementos `div` cuyo papel se define mediante el atributo `data-role`. El tipo más importante de `data-role` es `page`, que indica que el contenido del elemento es una página completa de la *app*. Esto nos permite que un único documento HTML contenga varias páginas que se irán visualizando a petición del usuario. La ventaja principal de esta aproximación es que evitamos la carga de múltiples documentos mediante HTTP. Si elegimos la opción alternativa, consistente en definir las páginas en documentos independientes, el *framework* las cargará de forma transparente gracias a AJAX.

Dentro de una página tendremos siempre una estructura similar: una cabecera `data-role=header`, un cuerpo `data-role=content` y un pie de página `data-role=footer`. Por tanto, la estructura básica de una web en JQuery Mobile es:

```
<!DOCTYPE html>
<html>
<head>
  <meta charset="utf8">
  <meta name="viewport" content="width=device-width, initial-
scale=1">
  <link rel="stylesheet"
    href="http://code.jquery.com/mobile/1.4.5/jquery.mobile-
```

```
1.4.5.min.css" />
  <script
    src="http://code.jquery.com/jquery-1.11.1.min.js">
  </script>
  <script
    src="http://code.jquery.com/mobile/1.4.5/jquery.mobile-
1.4.5.min.js">
  </script>
</head>
<body>

<div data-role="page">

  <div data-role="header">
    <h1>Cabecera de la página</h1>
  </div>

  <div role="main" class="ui-content">
    <p>Contenido de la página</p>
  </div>

  <div data-role="footer">
    <h4>Pie de página</h4>
  </div>
</div>

</body>
</html>
```

Puedes ver el resultado de esta plantilla básica en la Figura 5.17. Al igual que hicimos con Bootstrap es importante añadir la etiqueta `<meta name="viewport" content="width=device-width, initial-scale=1">`, ya que configura adecuadamente el comportamiento del zoom en los dispositivos móviles.

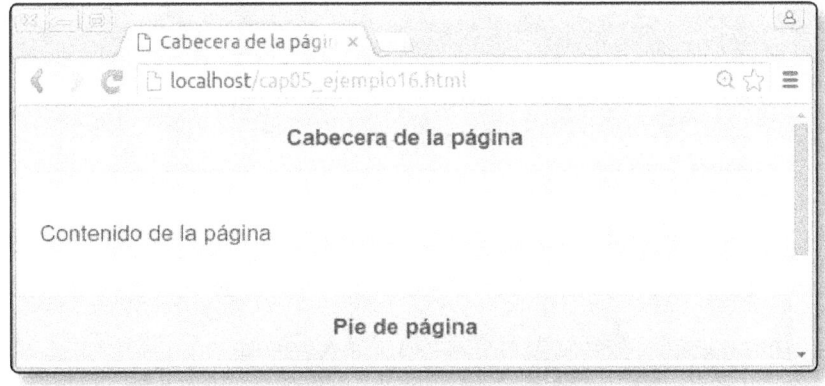

5.17. Plantilla básica en JQuery Mobile

5.3.2 Navegación

Si queremos que nuestra web tenga varias páginas y poder navegar entre ellas, crearemos tantos `<div data-role="page" id="...">` como páginas queramos; y utilizaremos sus identificadores para navegar entre ellas por medio de enlaces:

```html
<!-- Página principal -->
<div data-role="page" id="principal">
  <div data-role="header">
    <h1>Cabecera de la página principal</h1>
  </div>

  <div role="main" class="ui-content">
    <p>Contenido de la página principal</p>
    <p><a href="#secundaria">Enlace a la página secundaria</a></p>
  </div>

  <div data-role="footer">
    <h4>Pie de la página principal</h4>
  </div>
</div>

<!-- Página secundaria -->
<div data-role="page" id="secundaria">
  <div data-role="header">
    <h1>Cabecera de la página secundaria</h1>
  </div>

  <div role="main" class="ui-content">
    <p>Contenido de la página secundaria</p>
    <p><a href="#principal">Enlace de vuelta a la página principal</a></p>
  </div>

  <div data-role="footer">
    <h4>Pie de la página secundaria</h4>
  </div>
</div>
```

Adicionalmente, si añadimos el atributo `data-rel="dialog"` a un enlace, entonces la página destino se mostrará como una ventana de diálogo. Por ejemplo:

```html
<p><a href="#secundaria" data-rel="dialog">
  Enlace a la página secundaria
</a></p>
```

Ten en cuenta que las páginas se cargan dinámicamente y solo tenemos un documento HTML. Por tanto, ¿qué ocurriría al pulsar sobre el botón **Volver** del navegador? En este caso no volveríamos a la página anterior, sino al documento (web) que hubiésemos visitado anteriormente. Por ello JQuery Mobile se encarga de manejar el historial de navegación.

5.3.3 Transiciones

Otra característica de JQuery Mobile es que permite configurar transiciones entre páginas. Para configurar el tipo de transición debemos utilizar el atributo `data-transicion` en el enlace. Los valores posibles son `fade` (por defecto), `pop`, `flip`, `turn`, `flow`, `slidefade`, `slide`, `slideup`, `slidedown` o `none`.

Si queremos que el efecto se muestre de forma inversa para dar la sensación de "regreso" a la página, podemos utilizar el atributo `data-direction="reverse"`:

```
<p><a href="#secundaria" data-transition="slide">
   Enlace a la página secundaria
   </a>
</p>

<p><a href="#principal" data-transition="slide" data-direction="reverse">
   Enlace de vuelta a la página principal
   </a>
</p>
```

5.3.4 Widgets

La librería JQuery UI ofrece una serie de *widgets* pensados para dispositivos móviles. Existe un amplio catálogo que puede consultarse en la documentación, aquí solo veremos los más importantes. Antes de entrar en detalle también hay que comentar cómo configurar la apariencia de la interfaz. En la página web puedes configurar distintos temas a tu gusto. Por defecto se ofrecen dos temas principales identificados como "a" (de color claro) y "b" (de colores oscuros y alto contraste). Para aplicarlos simplemente los establecemos en cada página o elemento:

```
<div data-role="page" data-theme="b" data-content-theme="b">
```

5.3.4.1 BOTONES

Tan sencillo como añadir el atributo data-role=button a un enlace. También podemos añadir iconos al botón (encontrarás el listado de iconos disponibles en la web).

```
<a href="#" data-role="button" data-icon="star">Botón</a>
```

Podemos añadir también botones en la cabecera gracias a distintas clases: ui-btn indica que es un botón, ui-btn-left y ui-btn-right establecen la posición, a continuación indicamos el icono y por último su posición respecto al texto. Estas clases de la librería son las mismas que las utilizadas en JQuery UI, ya que son proyectos hermanos. Veamos un ejemplo:

```
<div data-role="header" >
  <h1>JQuery Mobile</h1>
    <a href="#" class="ui-btn ui-btn-left ui-icon-home ui-btn-icon-left">Inicio</a>
    <a href="#" class="ui-btn ui-btn-right ui-icon-search ui-btn-icon-left">Buscar</a>
</div>
```

5.3.4.2 BARRAS DE NAVEGACIÓN

Otro componente muy interesante son las barras de navegación, que pueden situarse arriba data-role="header" o debajo data-role="footer":

```
<div data-role="footer">
  <div data-role="navbar">
    <ul>
      <li><a href="#" data-icon="grid">Menú</a></li>
      <li><a href="#" data-icon="star" class="ui-btn-active">Favoritos</a></li>
      <li><a href="#" data-icon="gear">Configuración</a></li>
    </ul>
  </div>
</div>
```

De nuevo hemos añadido iconos e indicado cuál es el botón activo con la clase ui-btn-active.

5.3.4.3 COLAPSABLES

Por último veremos los menús colapsables. Tan fácil como añadir un elemento <div data-role="collapsible-set"> y dentro de él diferentes entradas con <div data-role="collapsible">

```html
<div data-role="collapsible-set">
  <div data-role="collapsible">
    <h3>HTML5</h3>
    <p>Mediante HTML5 detallamos el contenido de la Web</p>
  </div>
  <div data-role="collapsible">
    <h3>CSS3</h3>
    <p>Las Hojas de Estilo CSS permiten dar formato al contenido</p>
  </div>
  <div data-role="collapsible">
    <h3>JS/JQuery</h3>
    <p>Gracias a JavaScript y JQuery podemos interactuar con el usuario.</p>
  </div>
</div>
```

Juntando todo el código anterior puedes obtener un resultado tan vistoso como el que se muestra en la Figura 5.18.

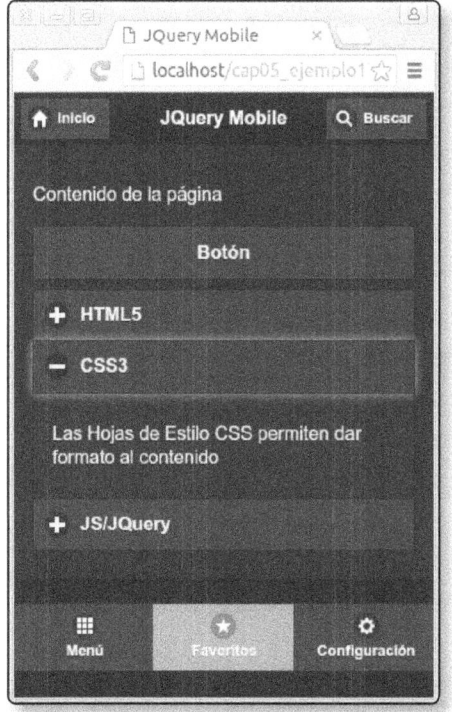

5.18. Ejemplo completo de JQuery Mobile

5.4 ISOTOPE

Isotope (*http://isotope.metafizzy.co/*) es una librería que permite ordenar y filtrar elementos de nuestro sitio web de una forma muy vistosa. Aunque pueda parecer una librería compleja, su programación es muy sencilla y nos permitirá añadir dinamismo a cualquier sitio web fácilmente. Te aconsejo que curiosees con los distintos ejemplos que hay en la web.

Isotope utiliza otra librería muy popular denominada *Masonry* (*http://masonry.desandro.com/*) que permite mostrar distintos elementos en forma de rejilla. En su página web encontrarás demos que muestran su funcionalidad.

5.4.1 Ejemplo

Antes de entrar en los detalles de programación es mejor que lo veas funcionando. Vamos a partir de una serie de elementos HTML que formarían parte del catálogo de una tienda *on-line* de comida. Queremos que estos elementos puedan ser filtrados por tipo (cualquiera, producto básico o bebida) y también ordenados por nombre y coste. Aquí tienes el resultado final que encontrarás junto con el material del libro:

```html
<!DOCTYPE html>
<html>
<head>
  <title>Isotope</title>
  <meta charset="utf8">
  <meta name="viewport" content="width=device-width, initial-scale=1">

  <link rel="stylesheet" href="css/bootstrap.min.css">

  <script src="js/jquery.min.js"></script>
  <script src="js/bootstrap.min.js"></script>
  <script src="js/isotope.pkgd.min.js"></script>

  <style>
    .element-item img {margin:7px;width:64px;float:left;}
    .element-item h5 {font-weight:bold;color:darkred;}
  </style>

  <script>
    $(document).ready( function() {
```

```
    // inicializar Isotope
    var $grid = $('#grid').isotope({
      itemSelector: '.element-item',
      layoutMode: 'fitRows',
      getSortData: {
        name: '.nombre',
        price: '.precio parseFloat'
      }
    });

    // Ordenación
    $("#ascendente").click(function(){
      $grid.isotope({ sortBy: 'name', sortAscending: true });
    });
    $("#descendente").click(function(){
      $grid.isotope({ sortBy: 'name', sortAscending: false
});
    });
    $("#precio").click(function(){
      $grid.isotope({ sortBy: 'price', sortAscending: true
});
    });

    // Filtrado
    $("#bebidas").click(function(){
      $grid.isotope({ filter: '.bebida'});
    });
    $("#basicos").click(function(){
      $grid.isotope({ filter: '.basico'});
    });
    $("#todo").click(function(){
      $grid.isotope({ filter: '*'});
    });
  });
  </script >

</head>
<body>

<div class="container">

  <div class="row" style="margin-top:30px">

    <!-- Controles -->
    <div class="col-md-6 col-sm-12 col-xs-12 ">
```

```html
        Filtro: <button id="bebidas" class="btn btn-primary">Bebidas</button>
        <button id="basicos" class="btn btn-primary">Básicos</button>
        <button id="todo" class="btn btn-primary">Todo</button>
      </div>
      <div class="col-md-6 col-sm-12 col-xs-12 ">
        Orden: <button id="ascendente" class="btn btn-primary">Nombre A-Z</button>
        <button id="descendente" class="btn btn-primary">Nombre Z-A</button>
        <button id="precio" class="btn btn-primary">Precio</button>
      </div>
  </div>

  <div class="row" id="grid" style="margin-bottom:30px">

    <div class="element-item col-md-4 col-sm-6 col-xs-12 basico">
      <img src="img/supermarket/lechuga.png"/>
      <h5 class="nombre">Lechuga</h5>
      <span class="precio">0.99</span>€
    </div>

    <div class="element-item col-md-4 col-sm-6 col-xs-12">
      <img src="img/supermarket/chocolate.png"/>
      <h5 class="nombre">Chocolate</h5>
      <span class="precio">0.9</span>€
    </div>

    <div class="element-item col-md-4 col-sm-6 col-xs-12">
      <img src="img/supermarket/fruta.png"/>
      <h5 class="nombre">Fruta</h5>
      <span class="precio">10</span>€
    </div>

      <div class="element-item col-md-4 col-sm-6 col-xs-12 basico">
      <img src="img/supermarket/harina.png"/>
      <h5 class="nombre">harina</h5>
      <span class="precio">0.75</span>€
    </div>
```

```html
<div class="element-item col-md-4 col-sm-6 col-xs-12 basico">
    <img src="img/supermarket/aceite.png"/>
    <h5 class="nombre">Aceite</h5>
    <span class="precio">7</span>€
</div>

<div class="element-item col-md-4 col-sm-6 col-xs-12 bebida">
    <img src="img/supermarket/cafe.png"/>
    <h5 class="nombre">Cafe</h5>
    <span class="precio">1.2</span>€
</div>

<div class="element-item col-md-4 col-sm-6 col-xs-12">
    <img src="img/supermarket/helado.png"/>
    <h5 class="nombre">Helado</h5>
    <span class="precio">12</span>€
</div>

<div class="element-item col-md-4 col-sm-6 col-xs-12 basico">
    <img src="img/supermarket/huevos.png"/>
    <h5 class="nombre">Huevos</h5>
    <span class="precio">2.75</span>€
</div>

<div class="element-item col-md-4 col-sm-6 col-xs-12 bebida basico">
    <img src="img/supermarket/leche.png"/>
    <h5 class="nombre">Leche</h5>
    <span class="precio">14</span>€
</div>

<div class="element-item col-md-4 col-sm-6 col-xs-12 bebida">
    <img src="img/supermarket/batido.png"/>
    <h5 class="nombre">Batidos</h5>
    <span class="precio">2</span>€
</div>

<div class="element-item col-md-4 col-sm-6 col-xs-12">
    <img src="img/supermarket/bolleria.png"/>
    <h5 class="nombre">Bolleria</h5>
    <span class="precio">3.5</span>€
</div>
```

```html
        <div class="element-item col-md-4 col-sm-6 col-xs-12">
        <img src="img/supermarket/sopa.png"/>
        <h5 class="nombre">Sopa</h5>
        <span class="precio">6.3</span>€
        </div>

        <div class="element-item col-md-4 col-sm-6 col-xs-12 bebida">
        <img src="img/supermarket/vino.png"/>
        <h5 class="nombre">Vino</h5>
        <span class="precio">3.55</span>€
        </div>

        <div class="element-item col-md-4 col-sm-6 col-xs-12 basico">
        <img src="img/supermarket/pan.png"/>
        <h5 class="nombre">Pan</h5>
        <span class="precio">0.55</span>€
        </div>

        <div class="element-item col-md-4 col-sm-6 col-xs-12 basico">
        <img src="img/supermarket/pollo.png"/>
        <h5 class="nombre">Pollo</h5>
        <span class="precio">6.15</span>€
        </div>

        <div class="element-item col-md-4 col-sm-6 col-xs-12">
        <img src="img/supermarket/ternera.png"/>
        <h5 class="nombre">Ternera</h5>
        <span class="precio">9.75</span>€
        </div>

        <div class="element-item col-md-4 col-sm-6 col-xs-12">
        <img src="img/supermarket/pescado.png"/>
        <h5 class="nombre">Pescado</h5>
        <span class="precio">19.95</span>€
        </div>

        <div class="element-item col-md-4 col-sm-6 col-xs-12">
        <img src="img/supermarket/marisco.png"/>
        <h5 class="nombre">Marisco</h5>
        <span class="precio">27.30</span>€
        </div>

    </div> <!-- row -->
</div> <!--container -->

</body>
</html>
```

Puedes ver el resultado en la Figura 5.19. Como puedes comprobar, creamos todos elementos de la siguiente manera:

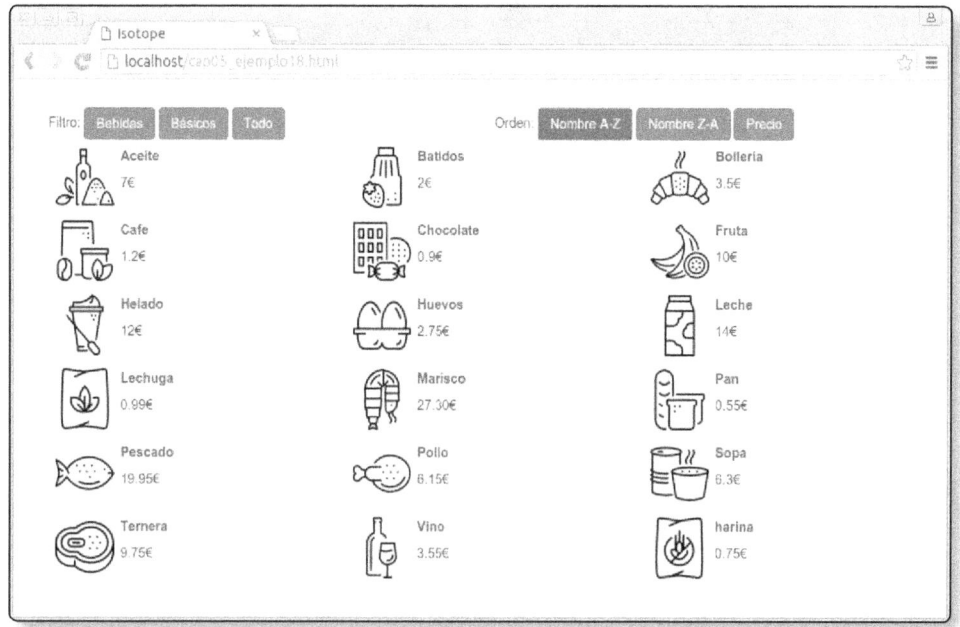

5.19. Ejemplo de Isotope

```
<div class="row" id="grid">

<div class="element-item col-md-4 col-sm-6 col-xs-12">
<img src="img/supermarket/chocolate.png"/>
<h5 class="nombre">Chocolate</h5>
<span class="precio">0.9</span>€
</div>

...

</div>
```

En la clase del elemento hemos indicado que es `.element-item` para que la librería pueda identificarlos. Luego hemos añadido las clases de Bootstrap para establecer su tamaño (`col-md-4`, `col-sm-6`, `col-xs-12`) y colocarlos (`class="row"` en el contenedor padre). Podemos utilizar Bootstrap o establecer su tamaño con cualquier otra CSS.

5.4.2 Iniciación de la librería

Para inicializar la librería tenemos que llamar al método `isotope()` sobre el elemento contenedor (en este caso identificado como `#grid`).

```
var $grid = $('#grid').isotope({
  itemSelector: '.element-item',
  layoutMode: 'fitRows',
});
```

Como podrás observar, identificamos los elementos sobre los que se actuará con el campo `itemSelector`. A continuación se indica el método de colocación de los elementos con `layoutMode`. Es aquí donde podemos utilizar la librería `masonry`. Puedes ver un ejemplo de los layout disponibles en la página web de Isotope (*http://isotope.metafizzy.co/layout-modes.html*). También nos guardamos el resultado de la inicialización en la variable `$grid` para poder referirnos a los elementos más adelante.

5.4.3 Filtrado

Para poder filtrar los elementos solo hay que añadir una clase a cada uno de ellos donde se indique de qué tipo es. En nuestro caso utilizaremos dos clases `basico` y `bebida`. Por ejemplo:

```
<div class="element-item col-md-4 col-sm-6 col-xs-12 bebida">
<img src="img/supermarket/vino.png"/>
<h5 class="nombre">Vino</h5>
<span class="precio">3.55</span>€
</div>


<div class="element-item col-md-4 col-sm-6 col-xs-12 basico">
<img src="img/supermarket/pan.png"/>
<h5 class="nombre">Pan</h5>
<span class="precio">0.55</span>€
</div>
```

Crearemos también los botones para filtrar:

```
<div class="col-md-6 col-sm-12 col-xs-12 ">
Filtro:
<button id="bebidas" class="btn btn-primary">Bebidas</button>
<button id="basicos" class="btn btn-primary">Básicos</button>
<button id="todo" class="btn btn-primary">Todo</button>
</div>
```

Por último añadiremos el siguiente código JavaScript. Como ves, le indicamos a Isotope qué clases utilizar para realizar el filtrado.

```
$("#bebidas").click(function(){
  $grid.isotope({ filter: '.bebida'});
});
$("#basicos").click(function(){
  $grid.isotope({ filter: '.basico'});
});
$("#todo").click(function(){
  $grid.isotope({ filter: '*'});
});
```

5.4.4 Ordenación

Podemos ordenar los elementos según los valores que contenga. En este caso, cada elemento consta de un nombre identificado con `class="nombre"` y un precio identificado con `class="precio"`. Así que en la inicialización de la librería indicaremos que queremos utilizar esos campos para ordenar:

```
var $grid = $('#grid').isotope({
  itemSelector: '.element-item',
  layoutMode: 'fitRows',
  getSortData: {
    name: '.nombre',
    price: '.precio parseFloat'
  }
});
```

En el caso de `precio` inidicamos que queremos convertir el valor en un número con decimales (`float`) para así ordenar de acuerdo con ese valor numérico. Si no, se establecería una ordenación alfabética.

De nuevo, creamos los botones correspondientes:

```
<div class="col-md-6 col-sm-12 col-xs-12 ">
Orden: <button id="ascendente" class="btn btn-primary">Nombre A-Z</button>
<button id="descendente" class="btn btn-primary">Nombre Z-A</button>
<button id="precio" class="btn btn-primary">Precio</button>
</div>
```

Y añadimos las llamadas a Isotope necesarias:

```
$("#ascendente").click(function(){
   $grid.isotope({ sortBy: 'name', sortAscending: true });
});
$("#descendente").click(function(){
   $grid.isotope({ sortBy: 'name', sortAscending: false });
});
$("#precio").click(function(){
   $grid.isotope({ sortBy: 'price', sortAscending: true });
});
```

MATERIAL ADICIONAL

El material adicional de este libro puede descargarlo en nuestro portal web: *http://www.ra-ma.es*.

Debe dirigirse a la ficha correspondiente a esta obra, dentro de la ficha encontrará el enlace para poder realizar la descarga. Dicha descarga consiste en un fichero ZIP con una contraseña de este tipo: XXX-XX-XXXX-XXX-X la cual se corresponde con el ISBN de este libro.

Podrá localizar el número de ISBN en la página IV (página de créditos). Para su correcta descompresión deberá introducir los dígitos y los guiones.

Cuando descomprima el fichero obtendrá los archivos que complementan al libro para que pueda continuar con su aprendizaje.

INFORMACIÓN ADICIONAL Y GARANTÍA

- RA-MA EDITORIAL garantiza que estos contenidos han sido sometidos a un riguroso control de calidad.

- Los archivos están libres de virus, para comprobarlo se han utilizado las últimas versiones de los antivirus líderes en el mercado.

- RA-MA EDITORIAL no se hace responsable de cualquier pérdida, daño o costes provocados por el uso incorrecto del contenido descargable.

- Este material es gratuito y se distribuye como contenido complementario al libro que ha adquirido, por lo que queda terminantemente prohibida su venta o distribución.

ÍNDICE ALFABÉTICO

Símbolos

@media, 130, 133, 136, 142, 143

A

addClass, 171
AJAX, 15, 17, 19, 27, 28, 29, 31, 32, 35, 36, 43, 145, 160, 182, 183, 214
AJAX (, 27
Alert, 146, 148, 151, 152, 153, 154, 155, 158, 166, 167, 170, 201
align-items, 123, 124
Ancho, 36, 61, 65, 70, 110, 123, 125, 127, 129, 130, 140, 186, 187, 190
Animate, 178, 179, 180, 181, 210, 213
Apache, 42, 44, 69, 146
Árbol DOM, 95, 160, 164
Article, 63, 64, 66, 70, 71, 72, 104, 105, 132, 133, 135, 136
Aside, 60, 61, 63, 64, 70, 72, 104, 106, 132, 133, 135, 136
Audio, 73, 74

B

back-end, 36
Badge, 201
blockquote, 66
Bootstrap, 127, 134, 135, 185, 186, 187, 188, 189, 190, 191, 192, 193, 194, 195, 196, 198, 199, 200, 201, 202, 203, 204, 206, 212, 215, 225
Breadcrumb, 200

C

Cabecera HTML, 55, 98
Carousel, 204, 205
Change, 169, 170
Chrome, 41, 44, 47, 48, 49, 79, 106, 128, 147, 148, 150, 151, 155
Code, 66, 74
Collapsible, 218, 219
Console, 151
Construct2, 145
Cookie, 49, 50
CSS (, 16, 21

D

datalist, 86, 87
data-rel, 216
data-role, 214, 215, 216, 217, 218, 219
data-theme, 217
data-transition, 217
Details, 64

Dirección IP, 38
Diseño adaptativo, 108, 112, 117, 129, 131, 132, 134, 185, 186, 187, 196
División, 59, 95
DNS, 38
Draggable, 206, 207, 208
dropdown-toggle, 195
Droppable, 208

E

Efectos, 160, 173, 175, 185, 206, 213
Elemento HTML, 55
Enlace, 19, 55, 58, 69, 71, 72, 73, 96, 101, 103, 206, 216, 217, 218
Etiqueta HTML, 99
Eventos, 24, 146, 158, 160, 164, 165, 166, 167, 168, 169, 170, 214

F

Fieldset, 91
Figure, 64
Filter, 221, 227
Flex, 117
flex-basis, 125, 126
flex-direction, 119, 120
flex-grow, 125, 126
flex-shrink, 125, 126
flex-wrap, 121
Fondo, 21, 61, 97, 100, 102, 110, 198, 208
Footer, 63, 64, 72, 104, 106, 132, 133, 135, 136, 199, 202, 214, 215, 216, 218
for, 154
Formulario, 77
front-end, 16, 18, 19, 24, 27, 29, 30, 32, 33, 34, 47, 54, 75, 76, 81, 118, 142, 145, 157, 180, 187, 188, 194, 197, 205, 216, 221, 224
Function, 155

G

Glyphicons, 194

H

Header, 62, 63, 64, 72, 76, 104, 132, 135, 196, 197, 202, 214, 215, 216, 218
Herramientas de Chrome, 48
Hide, 173
Hipertexto, 16, 40, 71
Hoja de estilo, 58, 61, 63, 66, 81, 129, 130, 138
HTTPS, 44, 50

I

img, 20, 69
img-responsive, 193
Isotope, 185, 220, 225, 226, 227, 228
itemSelector, 226

J

JavaScript, 11, 17, 19, 23, 24, 25, 26, 27, 32, 36, 39, 41, 52, 54, 57, 58, 65, 68, 73, 75, 76, 78, 80, 83, 90, 95, 99, 104, 138, 139, 143, 145, 146, 147, 148, 149, 150, 151, 156, 157, 159, 160, 182, 185, 186, 188, 198, 201, 219, 227
Java Server Pages, 32
JQuery, 11, 19, 26, 27, 28, 31, 32, 68, 104, 143, 145, 160, 161, 166, 168, 170, 171, 173, 178, 182, 185, 198, 201, 204, 206, 207, 209, 210, 211, 212, 213, 214, 215, 217, 218, 219
JQuery Mobile, 185
JSON, 33, 35, 36, 182
JSP, 32
Jumbotron, 198
justify-content, 122

K

Keypress, 167, 168, 170

L

Label, 80
layoutMode, 221, 226, 227
LESS, 138, 139, 142
Lista de declaraciones, 98
Listas, 67, 91
Load, 28, 31, 32, 182, 183

M

Margen, 17, 59, 110
Media Query, 129
Metadatos, 56
Minimización, 147
Mixins, 140
Mouseout, 166, 167, 168, 170
Mouseover, 166, 167, 168, 170

N

Navbar, 196, 197, 198, 218
Navegación, 216
Navegador, 15, 17, 18, 19, 20, 24, 25, 26, 27, 29, 30, 31, 35, 38, 40, 43, 44, 45, 46, 47, 49, 50, 52, 54, 55, 57, 58, 63, 65, 69, 73, 74, 78, 79, 80, 82, 83, 86, 89, 90, 95, 97, 98, 102, 103, 108, 109, 111, 127, 129, 131, 145, 146, 147, 148, 149, 150, 151, 158, 159, 167, 169, 186, 193, 202, 213, 217

P

Párrafo, 20, 22, 24, 28, 30, 31, 32, 53, 65, 66, 94, 97, 99, 100, 101, 117, 161, 162, 163, 164, 173
Petición GET, 44, 46, 47, 48
Petición HTTP, 16, 30, 46, 48, 78, 79, 80, 90
Phaser, 145
PHP, 15, 19, 29, 30, 31, 32, 33, 35, 78
popover, 204
Position, 110, 111, 112, 113, 114, 140, 213

Preprocesadores, 137
Print, 129, 130, 158
Progress, 201
Prompt, 150, 151, 152, 153, 154, 158
Protocolo IP, 38
Pseudo, 102, 103
Pseudoclase, 102

R

Rejilla, 112, 117, 127, 128, 129, 131, 134, 185, 186, 187, 193, 207, 210, 220
removeClass, 171
Reset, 98
Resizable, 209
Rich Internet, 145

S

same-origin, 149, 159
Sass, 138, 142
Screen, 129, 130, 159
Section, 64, 100, 101, 141
Select, 94
Selectable, 210
Selector, 98
Servidor web, 29, 38, 40, 41, 42, 43, 44, 45, 46, 47, 49, 50, 52, 149
Servlet, 32
Show, 173, 174, 213
Sliding, 176
sortable, 212
sortBy, 221, 228
strong, 66, 67, 75, 201
Stylus, 138, 142
Submit, 169
Switch, 153

T

table-responsive, 189
Telnet, 16, 45, 46, 47, 49
Textarea, 90, 169
Toggle, 174, 213

Tooltip, 203
Touch, 168, 214

U

URL, 16, 39, 41, 43, 44, 45, 46, 47, 50, 69, 77, 78, 79, 82, 90, 111, 149, 159, 182

V

Video, 73, 74

W

W3C, 17, 35
While, 30, 33, 34, 147, 149, 154, 155
Window, 158, 159

X

XAMPP, 42, 43
XML (, 35

www.ingramcontent.com/pod-product-compliance
Lightning Source LLC
Chambersburg PA
CBHW082038230426
43670CB00016B/2697